LUZ, CÂMERA, MESA E AÇÃO:
O CINEMA BRASILEIRO NA COZINHA

FUNDAÇÃO UNIVERSIDADE DE BRASÍLIA

Reitor
Lauro Morhy

Vice-Reitor
Timothy Martin Mulholland

EDITORA UNIVERSIDADE DE BRASÍLIA

Diretor
Alexandre Lima

Conselho Editorial
Presidente
Elizabeth Cancelli

Alexandre Lima, Clarimar Almeida do Valle, Dione Oliveira Moura, Henryk Siewierski, Jader Soares Marinho Filho, Marília Steinberger, Ricardo Silveira Bernardes, Suzete Venturelli

LUZ, CÂMERA, MESA E AÇÃO:
O CINEMA BRASILEIRO NA COZINHA

Berê Bahia

Equipe Editorial: Supervisão editorial: *Severino Francisco;*
Acompanhamento editorial: *Rejane de Meneses;*
Textos e pesquisa: *Berê Bahia;*
Preparação de originais e revisão: *Rejane de Meneses e Yana Palankof;*
Projeto gráfico, editoração eletrônica e tratamento de imagens: *Ralph Gehre.*
Supervisão gráfica: *Elmano Rodrigues Pinheiro*

Copyright © 2003 by Berê Bahia

Impresso no Brasil

Todos os direitos reservados. Nenhuma parte desta publicação poderá ser armazenada ou reproduzida por qualquer meio sem a autorização por escrito da Editora.

Direitos exclusivos para esta edição:

Editora Universidade de Brasília
SCS Q. 02 – Bloco C – Nº 78
Ed. OK – 2º andar
70300-500 – Brasília-DF
Tel: (0xx61) 226-6874
Fax: (0xx61) 225-5611
editora@unb.br

Ficha catalográfica elaborada pela
Biblioteca Central da Universidade de Brasília

S586
Bahia, Berê
   Luz, câmera, mesa e ação: o cinema brasileiro na cozinha. / Berê Bahia.
   – Brasília: Universidade de Brasília, 2003.
   144p. :il.

   ISBN: 85-230-0695-8

   1. Cinematografia. 2. Alimentos-crenças e costumes. I. Título.

CDU 778.5
392.81

À Nilva, irmã e anjo da guarda,
sem a qual este projeto não se concretizaria,
pela paciência, dedicação e
cumplicidade com minhas utopias,
dedico o resultado deste trabalho.

SUMÁRIO

APRESENTAÇÃO, 10
INTRODUÇÃO, 11
HOMENAGENS PÓSTUMAS, 12
O SABOR E O SABER (Curiosidades), 17
ABREVIATURAS e SIGLAS, 18

COZINHA NO CINEMA, RECEITAS INSPIRADAS EM FILMES BRASILEIROS, 19

LUZ, CÂMERA, MESA E AÇÃO!, 21

APERITIVOS & DRINQUES, 22
— Brascuba, 22
— O calor da pele, 24
— O círculo de fogo, 26
— O desafio, 28
— O ébrio, 30

ENTRADAS, 32
— A capital dos brasis, 32
— Toma de Minas, a estrada, 34

SALADA, 36
— A paisagem natural, 36

CALDOS, 38
— Cabaret mineiro, 38
— Conterrâneos velhos de guerra, 40
— Ilha das Flores, 42
— Ressurreição Brasil, 44

CANJA, 46
— Em nome da razão, 46

SUFLÊ, 48
— Garota dourada, 48

PURÊ, 51
— Dona Flor e seus dois maridos, 51

TORTAS, 54
— A lira do delírio, 54
— Made in Brazil, 56
— No paiz das amazonas, 58

MASSAS, 61
— La serva padrona, 61
— Tutti, tutti buona gente, 64

AVES, 66
— Cabra marcado para morrer, 66
— Carlota Joaquina, princesa do Brasil, 69

CARNES, 72
— Bahia de todos os sambas, 72
— O cangaceiro, 75
— Casa-grande & senzala, 80
— A grande feira, 83
— A marvada carne, 86
— Noites do sertão, 89
— Xica da Silva, 91

PEIXES & MARISCOS, 95
— O amuleto de Ogum, 95
— Barravento, 99
— Brasília, a última utopia, 102
— Bububu no bobobó, 105
— Maranhão 66, 108
— A terceira margem do rio, 110

FAROFAS, 112
— Casa de farinha, 112
— Vidas secas, 114

MOLHOS & PIMENTAS, 117
— Prova de fogo, 117
— Se segura, malandro, 120

SOBREMESAS, 122
— Banana split – um filme para ser saboreado, 122
— Geléia geral, 124
— Romance, 126
— Sonho de valsa, 128

AS ERVAS E OS TEMPEROS NA MEDICINA DOMÉSTICA, 132
AS HORTALIÇAS NA MEDICINA DOMÉSTICA, 135
AS FRUTAS NA MEDICINA DOMÉSTICA, 138
REFERÊNCIAS BIBLIOGRÁFICAS, 141
AGRADECIMENTOS, 143
CRÉDITOS DAS FOTOS, 143
PALAVRA DE COMENSAL, 144

APRESENTAÇÃO

Com O *cinema brasileiro na cozinha*, Berê Bahia nos faz caminhar por dois universos prazerosos, o cinema e a cozinha — caminhada que mobiliza todos os nossos sentidos: a visão e a audição para o cinema, e o paladar, o olfato e a visão para a comida. Caminhada que nos faz também percorrer um caminho de lembranças... Quem não se lembra dos sons e das imagens significantes herdadas de um filme, do gosto especial de uma comida inesquecível, aquela que juntou cheiro, gosto, cor e companhia?

O mérito maior do livro de Berê é este: juntar lembranças, e lembranças são prazeres. É Sara Paim, grande educadora argentina há muito tempo radicada em Paris, quem afirma que nosso prazer se constitui das boas lembranças, e que nós somos as nossas recordações, são elas que nos constituem, que nos caracterizam. São também as lembranças que produzem em nós as faltas, as quais geram os nossos desejos, os quais, por sua vez, são a fonte dos nossos dramas. Dramas no sentido do que são, em nós, afetos, emoções, vivências, histórias de vida e do mundo, ou seja, a matéria simbólica do cinema.

São estas algumas pistas que possibilitam compreender a lógica que fez Berê juntar, a princípio inusitadamente, cozinha e cinema.

Fazendo uma ponte entre seu gosto e criatividade na cozinha e seus conhecimentos e memória do cinema brasileiro – conhecimentos que sua condição de pesquisadora organiza, ordena no tempo, descreve e detalha nos aspectos técnicos –, Berê também evoca e compartilha conosco seus sentimentos de brasilidade, nestes tempos globalizantes de desnacionalização. A invasão dos *fast-foods*, dos *self-services* e a industrialização dos alimentos (que reduz a cozinha a um armário de latas) fazem-nos famintos de sabores e cheiros ancestrais, familiares, que compensam a perda das identidades regional e nacional decorrentes da padronização alimentar. O *cinema brasileiro na cozinha* contrapõe-se a esse aspecto pouco considerado da era da cultura de massa.

No cinema, 85% do que vemos e ouvimos em nossas salas de exibição e na TV vêm de outros países, sobretudo dos Estados Unidos. Um processo de desnacionalização que nos impede de participar do que nossos cineastas e artistas conseguiram criar como forma própria, original, de reconstituir nossa memória, traduzir nossa realidade, refletir sobre nosso futuro. Desnacionalização que não encontra barreiras legais que possibilitem ao cinema brasileiro condições de produção, distribuição e exibição em igualdade com os filmes estrangeiros.

Neste livro, as preocupações de Berê vão além da busca do sabor Brasil. Como boa artesã na cozinha, a preocupação estética com a apresentação dos pratos citados está presente na descrição de suas receitas. Ela quer que uma comida, além de referir-se ao cinema brasileiro, satisfaça fomes biológicas, fome de beleza e fome afetiva. O prazer de um prato compartilhado foi vivenciado, na fase de preparação do livro, pelos muitos amigos convidados a experimentar e a dar notas aos pratos inventados por ela.

Compartilhando conosco suas experiências na cozinha e no cinema, Berê nos faz caminhar por prazeres vividos e revisitados. Caminhemos.

Maria Duarte

INTRODUÇÃO

> "Todo trabalho do homem é para sua boca..."
> *Eclesiastes, VI, 7*

Segundo Aristóteles, "a virtude é um meio-termo entre dois vícios: um por excesso e o outro por falta". E é nessa encruzilhada que deparo com o meu meio-termo, o cinema e a cozinha, meus dois vícios assumidos. Para mitigar um pouco a fome que tenho do cinema, a fórmula que encontrei foi recorrer a Lavoisier — "nada se cria, tudo se transforma" — e buscar no recôndito das lembranças a alquimia que me permitisse aliar os dois prazeres. Tendo a memória como cúmplice, revi na tela da imaginação vários filmes e me permiti associar vários deles a receitas. Confesso que foi uma "difícil viagem", em que os títulos e os temas surgiam aos borbotões, numa "geléia geral" de imagens em cascata ininterrupta (explicada pelo acúmulo audiovisual, mas sempre insatisfeito qualitativa e quantitativamente), dificultando o discernimento do rumo a definir.

Apesar de concluídos pesquisa e cardápio, muitos filmes que me apaixonam não foram contemplados, por absoluta incompatibilidade de metabolizá-los em alimentos, na transposição metalingüística do título ou do tema. E parodiando Nitzsche — "o homem é uma corda, atada entre o animal e o além-do-homem, uma corda sobre o abismo" —, para não cair nesse precipício, preferi a racionalidade dos conceitos e dos preceitos, e, na razão direta da sugestibilidade, criar a metamorfose do comer literalmente o produto cinematográfico. Cozinha e cinema formam uma dupla que felizmente gerou vários e fantásticos filmes:

Festim diabólico – Alfred Hitchcock – 1948
A comilança – Marco Ferreri – 1973
A festa de Babete – Gabriel Axel – 1987
Tampopo – Os brutos também comem spaghetti – Juzo Itami – 1988
O cozinheiro, o ladrão, sua mulher e o amante – Peter Greenaway – 1989
Como água para chocolate – Alfonso Arau – 1991
Comer, beber, viver – Ang Lee (entre outros) – 1994

O cinema brasileiro na cozinha propõe-se a inverter a ordem estabelecida dessa "dobradinha", aliando o prazer de degustar uma receita inspirada em um filme, aguçando os "sete buracos da nossa cabeça", principalmente o visual, o olfato e o paladar. A audição fica por conta dos acordes que os sabores despertarem na corrente sangüínea e no psíquico-emocional.

Se essa metalinguagem gustativa contribuir para despertar:
. nos que desconhecem a nossa filmografia, a curiosidade de assisti-la;
. nos cinemeiros, a oportunidade de constatar a referência, comparando a sintonia filme x prato;
. nos diretores, a hora e a vez de avaliar, curtir ou criticar a idéia;
. nos comensais, a curiosidade de elaborar, executar e usufruir de aperitivos, entradas, saladas, purês, caldos, farofas, molhos e sobremesas, alimentando não só o corpo e a curiosidade, mas principalmente a sede instintiva de satisfazer o estômago e a imaginação, na associação antropofágica do comer, terá valido a pena.

Há dois motivos por que comemos: comemos porque gostamos dos alimentos e porque precisamos deles. Desde a Grécia antiga, os filósofos assinalaram o antagonismo entre os dois motivos. Coube a Sócrates formular a frase segundo a qual "alguns homens vivem para comer enquanto outros comem para viver".

A educadora e ex-deputada Esther Pillar Grossi, no seu livro *Mesa sutra*, diz: "É bom comer nos dois sentidos que este verbo tem na nossa bela língua, pois os prazeres têm certa cumplicidade – prazer sexual, prazer de se alimentar e, por que não, prazer de aprender e de ensinar (...)".

O cinema brasileiro na cozinha é isto: um guia filmogastronômico. Beba, coma e deguste esta idéia. Veja – ou reveja – os filmes e bom apetite. "Viver não é preciso", mas comer (na mesa ou na cama) é essencial e imprescindível.

Berê Bahia

HOMENAGENS PÓSTUMAS

A Josué de Castro, que, na busca de entender e minorar a fome endêmica deste país, dedicou sua vida à ciência e ao homem.

CASTRO, JOSUÉ DE (Recife-PE, 1908 - Paris-França, 1973). Nascido Josué Apolônio de Castro, estudou Medicina na Bahia e no Rio de Janeiro, onde se formou aos 21 anos de idade. Em sua cidade natal, Recife, que o despertou para a realidade social, iniciou sua profissão de médico. Tendo nascido pobre, seu interesse pelos excluídos levou-o a promover o primeiro inquérito sobre as condições de vida da classe operária, tido como estudo pioneiro no país, que serviu de modelo para outras investigações nas décadas de 1930 e 1940, seguido por outros estados, na luta pelo reconhecimento dos direitos dos trabalhadores. Transferiu-se para o Rio de Janeiro em 1935 e vinculou-se à equipe de educadores e cientistas na batalha pela transformação do ensino universitário. Interessava-lhe buscar na medicina respostas para o problema da fome e da subnutrição que assolava milhões de brasileiros. A partir de sua experiência em fisiologia e da prática clínica no Recife, realizou no Rio de Janeiro pesquisas bioquímicas que viriam a constituir o embrião do futuro Instituto de Nutrição da Universidade do Brasil, idealizado e concretizado por ele. Em 1938, fez estágio no Instituto Bioquímico de Roma, onde proferiu cursos nas Universidades de Roma, Nápoles e Gênova, experiência que resultou na publicação de *Alimentazione e acclimatazione umana nei tropici*, em 1939. Nesse mesmo ano, retornou ao Brasil e integrou o corpo docente da Faculdade de Filosofia, Ciências e Letras da Universidade do Brasil, atual UFRJ. Em 1947, conquistou a cátedra de geografia humana, com a tese *A cidade do Recife, ensino de geografia urbana*.

De 1939 a 1945, promoveu cursos sobre alimentação e nutrição na Faculdade de Medicina da Universidade do Brasil. Em 1942, foi eleito presidente da Sociedade Brasileira de Nutrição. Foi o criador do Serviço de Alimentação da Previdência Social (Saps).

No Brasil, exerceu, entre outros, os seguintes cargos: fundador e vice-diretor da Faculdade de Filosofia e Ciências Sociais do Recife; professor de antropologia da Universidade do Distrito Federal-RJ; fundador e primeiro diretor do Serviço de Alimentação da Previdência Social (Saps); chefe do Departamento Técnico de Alimentação da Coordenação da Mobilização Econômica; presidente do Conselho da Organização para a Alimentação e a Agricultura das Nações Unidas (FAO), Roma (1952-1956). Presidiu a Campanha de Defesa Contra a Fome em 1960.

Participou como delegado do Brasil em várias conferências e congressos internacionais. A convite oficial, realizou cursos e conferências em universidades de vários países: França, Itália, México, Argentina, Peru, Cuba, China, União Soviética, Estados Unidos, etc.

Professor honorário de várias universidades estrangeiras, foi membro de inúmeras associações científicas em vários países.

Distinguiu-se pela publicação de diversos artigos e livros, tais como: *O problema da alimentação no Brasil*; *Alimentação e raça*; *Documentário do Nordeste*; *A alimentação brasileira à luz da geografia humana*; *Fisiologia dos tabus*; *Geografia da fome* (1946) e *Geopolítica da fome* (1951). Os dois últimos lançaram-no como autor mundialmente lido e respeitado pelo impacto produzido na opinião pública internacional em relação ao problema da fome, razão pela qual foram traduzidos, em edições sucessivas, para 24 idiomas, entre outros: árabe, catalão, hebreu, japonês, dinamarquês, etc.

De 1955 a 1963, exerceu o mandato de deputado federal por Pernambuco, pelo Partido Trabalhista Brasileiro, renunciando para assumir o posto de embaixador nas Nações Unidas em Genebra (1963-1964), quando teve os direitos políticos cassados pelo golpe militar de 31 de março de 1964.

Mesmo com a profícua atividade de professor, administrador, cientista, intelectual incansável e dinamizador de idéias, insubmisso a qualquer dogma, manteve, como médico clínico e especialista em doenças da nutrição, seu consultório no Rio de Janeiro até 1955.

Em reconhecimento ao seu trabalho, recebeu entre outros prêmios: Menção Anual da American Library Association, 1952; Prêmio Franklin D. Roosevelt da Academia Americana de Ciência Política, 1953; Prêmio Internacional da Paz do Conselho Mundial da Paz, 1954; a Grande Medalha da Cidade de Paris; o grau de Oficial da Legião de Honra da França; o título de Professor *Honoris Causa* das Universidades de San Marcos (Peru) e Santo Domingo; a medalha do Mérito Médico do Brasil; Prêmio Pandiá Calógeras da Associação Brasileira de Escritores e Prêmio José Veríssimo da Academia Brasileira de Letras.

Em seu primeiro ano de exílio, com a sensibilidade aguçada, repensou a infância pobre no Recife, o que o levou a incursionar pela literatura — incursão esta que resultou no romance *Homens e caranguejos*, que, escrito com paixão, foi traduzido em várias

O cinema brasileiro na cozinha

línguas e adaptado para o teatro por Gabriele Consin. Publicou também *Sete palmos de terra e um caixão*. Elaborou reedições atualizadas de seus principais trabalhos e publicou inúmeros artigos na imprensa especializada européia e americana. Com vários colaboradores, ainda publicou: *El hambre, Problema universal; O drama do Terceiro Mundo; O Brasil na encruzilhada; A China e o Ocidente; América Latina y los problemas del desarrollo*.

Na ocasião de seu falecimento, em Paris, em 1973, a imprensa mundial rendeu sentida homenagem ao homem que dedicou sua vida e inteligência ao estudo das causas e das conseqüências da pobreza e da fome.

Trabalhou incansavelmente estudando e denunciando os sistemas sociais de opressão pelas classes políticas e econômicas que enfatizavam o crescimento industrial e ignoravam a agricultura e o agricultor, sempre expropriado da terra.

Decorridos trinta anos de sua morte, sua obra continua atual, tendo em vista o aniquilamento progressivo dos recursos naturais, o desequilíbrio ecológico, o desenraizamento de populações rurais em busca de sobrevivência na cidade grande. O homem do campo está encurralado na sua miséria. Expulso da terra pelo latifúndio, acuado e sem o amparo legítimo e necessário da reforma agrária, vê-se amputado do seu direito de cidadão, mergulhado na desigualdade social e na mais absoluta miséria, apesar dos quinhentos anos de Brasil!

"(...) Se fizermos um estudo comparativo da fome com outras calamidades – a guerra, a peste ou epidemias –, verificaremos que a menos debatida em suas causas e efeitos é a fome."

"(...) Pela conjuntura econômico-social brasileira, chega-se à evidência de que é indispensável alterar os métodos de produção agrícola, o que só é possível reformando as estruturas rurais vigentes. A transformação social só será possível com a reforma agrária, uma necessidade histórica e um imperativo nacional."

"(...) O Brasil, que acaba de construir a capital do futuro, precisa arrancar o resto do país das brumas do passado, da sobrevivência de sua infra-estrutura econômica de tipo pré-capitalista, na qual vegeta até hoje mais da metade de sua população.

A vitória contra a fome constitui um desafio à atual geração – como um símbolo e como um signo da vitória integral contra o subdesenvolvimento."

Geografia da fome

Homenageado com o vídeo *Josué de Castro, cidadão do mundo*, de Sílvio Tendler, 1995.

A Luís da Câmara Cascudo (sinônimo da nossa identidade), que trilhou todos os rincões, estudando e explicando nossa fonte de sobrevivência – a alimentação.

CASCUDO, LUÍS DA CÂMARA (Natal-RN, 1898-1986). Filho único de família abastada. "Meu primeiro banho foi em água morna numa bacia de ágata. Água temperada com vinho do porto, para eu ficar forte, e um patacão de prata, para não faltar dinheiro. A vida ensinou-me que esses votos eram supersticiosos e bem-intencionados."

Os primeiros estudos foram feitos em casa. Ainda criança, foi para o sertão, onde permaneceu por três anos e pôde compreender as diferenças entre o sertão e a cidade. Por motivo de doença, vive uma infância isolada, com muitos brinquedos, mas sem amigos. "Minha solidão daria hábitos decorrentes: falar só, abstração, timidez, intensidade de vida interior. Lia muito, mais do que apreciava os jogos materiais."

Em 1918, foi para a Bahia estudar medicina, mas interrompeu o curso no quarto ano. Retorna à faculdade em 1924, desta vez no Recife, onde se formou em direito.

Professor, jornalista, poeta, romancista, ensaísta, etnógrafo, historiador, pesquisador e folclorista. Intelectual completo, seu nome é sinônimo de dicionário e folclore, na verdadeira acepção da palavra. Sério e meticuloso, dizia: "A gente só deve escrever sobre aquilo que ama. Eu amava o folclore e amo o folclore, por isso dirigi minha curiosidade para ele." Brincava dizendo que a escolha foi bilateral. "O folclore é que se interessou por mim primeiro. Quando comecei a trabalhar, observei que as pessoas só viam o matutismo, o anedotário da cultura popular. Prometi a mim mesmo: só escreverei de corpo inteiro. Neste trabalho, é preciso, antes de tudo, honestidade na colheita do material. Depois é preciso confrontar, cotejar com outras regiões de dentro e de fora do país. Finalmente, pesquisa-se a origem."

Mergulhou no esmiuçamento dos causos e dos gestos do interior, trazendo à tona, com respeito e encantamento, a radiografia de nossos costumes: nossa palavra, nossa comida, nossa música, nosso teatro, enfim, tudo sobre nossa arte. Recorreu a colaboradores e amigos do naipe de Villa-Lobos, Guerra Peixe, Edison Carneiro, entre outros, para identificar, corroborar e validar suas descobertas: lendas, mitos, superstições, indumentárias, bebidas e comidas tradicionais, além de gestos, foram alguns itens do seu foco na busca de entender e explicar nossas genuínas raízes. "Ao contrário da lição de mestres, creio na existência dual da cultura entre todos os povos. Em qualquer deles há uma cultura sagrada, oficial, reservada para a iniciação, e a cultura popular, aberta apenas à transmissão oral, feita de estórias de caça e pesca, de episódios guerreiros e cômicos, a gesta dos heróis mais acessíveis à retentiva infantil e adolescente."

Profundamente arraigado à sua terra, nenhum convite ou cargo o seduziu a abandoná-la, um autêntico "provinciano incurável", segundo a alcunha de Afrânio Peixoto. Do casarão da Junqueira Aires, legou ao Brasil e ao mundo a identidade do país. Deixou para a posteridade 144 livros fundamentais sobre a nossa cultura, entre outros: *Dicionário do folclore brasileiro*; *História da alimentação no Brasil*; *Geografia dos mitos brasileiros*; *Literatura oral no Brasil, vaqueiros e cantadores*; *Antologia do folclore brasileiro*; *Made in África*; *Alma patrícia*; *História do Rio Grande do Norte*; *Superstições no Brasil*; *Flor de romances trágicos*; *Sociologia do açúcar*; *Prelúdio da cachaça*, além de mais de 3 mil artigos publicados. "(...) Andei e li o possível no espaço e no tempo. Lembro-me de conversas com os velhos que sabiam iluminar a saudade. Não há um recanto sem evocar-me um episódio, um acontecimento, o perfume duma velhice. Tudo tem uma história digna de ressurreição e de simpatia. Velhas árvores e velhos nomes, imortais na memória (...)". "Andei uma temporada tentando Josué de Castro, em conversa e carta, para um volume comum e bilíngüe. Ele no idioma da nutrição e eu na fala etnográfica. O anjo da guarda de Josué afastou-o da tentação diabólica. Não daria certo. Josué pesquisava a fome e eu a comida. Interessam-lhe os carecentes e eu os alimentados (...)."

Entre os inúmeros prêmios que recebeu, estão o de Doutor *Honoris Causa*, pela Universidade Federal do Rio Grande do Norte, e o Juca Pato. Foi membro de várias associações e academias. Dono de vários títulos, entre eles o de Presidente de Honra de "Os Inocentes" (grupo que assalta as casas em Natal e carrega as bebidas), e o de comendador de uma ordem santa, conferida por Pio XII, que muito o divertia. "Quando Deus me levar para o céu, vai ter que olhar direitinho o lugar onde vai me colocar. Não quero um lugar pior que este. Fui pecador profissional, mas sou comendador. Fico imaginando o trabalho que eu vou dar a São Pedro: ele não deve estar acostumado a ter um pecador profissional condecorado pelo Vaticano..."

"(...) *Dicionário brasileiro* poupa-se tempo falando "o Cascudo", seu autor, mas o autor não é só dicionário, é muito mais, e sua vasta bibliografia de estudos folclóricos marca uma bela vida de trabalho inserido na preocupação de "viver" o Brasil (...)."

Carlos Drummond de Andrade

"(...) Temos muitos escritores importantes, sábios de alta qualidade, artistas magníficos, temos intelectuais de grande valor. Mestres, porém, temos poucos. Mestres no sentido amplo da palavra: construtores da realidade, da verdade brasileira, assim como Luís da Câmara Cascudo."

Jorge Amado

"(...) Em sua obra há ciência sem haver cientificismo. Há também brasileirismo, lusitanismo, luso-africanismo, sem haver qualquer exagero etnocêntrico ou excesso nacionalista a prejudicar-lhe a ciência autêntica ou o saber honesto (...)."

Gilberto Freyre

Sua vida e obra foram enfocadas no filme *Conversa com Cascudo*, 1997, de Walter Lima Júnior; no espetáculo musical *Sol a pino*, 1999, do brincante Antônio Nóbrega (criado para homenageá-lo em seu centenário de nascimento – o autor confessa que o etnólogo potiguar é um companheiro de criação permanente). Foi personagem da Escola de Samba Acadêmicos do Salgueiro, no quarto centenário da cidade de Natal, em 1999.

O cinema brasileiro na cozinha

A Antônio Houaiss, que, com competência e sabedoria, criou e executou pratos simples e sofisticados para nosso deleite.

HOUAISS, ANTÔNIO (Rio de Janeiro-RJ, 1916-1999). Família de origem libanesa, era o quinto de sete filhos do casal Malvina Farjalla e Habib Assad Houaiss. Toda sua formação escolar foi em escolas públicas. Formou-se em contabilidade aos 18 anos pela Escola de Comércio Amaro Cavalcanti. Aos 19 anos já dava aulas de português, latim e literatura. A cozinha entrou em sua vida desde a infância, quando costumava ajudar os pais nos fins de semana.

 Em 1940, formou-se em letras clássicas. Em 1945, prestou concurso para o Itamaraty. Licenciou-se do ensino secundário oficial, no qual permaneceu de 1934 a 1946, e dedicou-se à carreira diplomática. Atuou como vice-cônsul do Consulado-Geral do Brasil em Genebra, de 1947 a 1949, servindo também como secretário da delegação permanente do Brasil na ONU e integrando representações brasileiras em assembléias gerais das Nações Unidas, da OIT (Organização Internacional do Trabalho), da OMS (Organização Mundial da Saúde) e da Organização Mundial de Refugiados. Sofreu perseguições políticas após passagens pela República Dominicana e pela Grécia, acusado de conspiração comunista. Em 1964, após o golpe, é aposentado compulsoriamente, tendo seus títulos diplomáticos cassados. Aproveitou as inúmeras viagens para experimentar os mais variados pratos exóticos. Sua falta de preconceito alimentar o fez apreciar de cobras a formigas e gafanhotos. Além de apreciador da boa comida, era excelente cozinheiro. Gostava de preparar pratos requintados tanto para a família como para os amigos. Para ele, tanto fazia alimentar duas ou trezentas pessoas, o prazer era o mesmo. As receitas que não experimentou, pesquisou. "Cozinheiro completo, foi daqueles que acompanhavam desde a escolha dos alimentos até a limpeza final da cozinha." Duas paixões estiveram presentes em toda sua vida: a língua portuguesa e o paladar. Gostava de dizer que "comia palavras." Ao deixar a carreira diplomática, tornou-se editorialista do *Correio da Manhã*. Lançou-se ao trabalho que o projetaria para além das fronteiras do país, em 1966, ao traduzir *Ulisses*, de James Joyce.

 Fora do governo, mergulhou na língua portuguesa, que dizia ser uma das línguas mais cultas do mundo. Professor, filólogo, erudito, escritor, tradutor, diplomata e gastrônomo. Em todas essas facetas deixou a sua marca. Publicou: *O português no Brasil; O que é língua?; Seis poetas e um problema; Poesia e estilo de Carlos Drummond de Andrade; Elementos de bibliologia; Grande Enciclopédia Delta-Larousse; Dicionário inglês – português; Enciclopédia Mirador; Novo Dicionário Barsa das Línguas Inglesa e Portuguesa; Enciclopédia Britânica e Webster's*. Publicou também obras lexicográficas e textos críticos sobre Lima Barreto, Gonçalves Dias, Machado de Assis, Augusto dos Anjos, *Magia da cozinha brasileira; Receitas rápidas; 103 receitas de até 18 minutos* e outros.

 Em 1971, foi eleito para a cadeira número 17 da Academia Brasileira de Letras, quando afirma em seu discurso de posse que "prefere o pecado da carência ao excesso". Em 1985, integrou-se ao grupo que fundou o Partido Socialista do Brasil.

 Em 1986, foi nomeado porta-voz brasileiro nos países de língua portuguesa no Encontro para a Unificação Ortográfica da Língua Portuguesa, cujo objetivo era unificar o português escrito e falado em todos os países da língua mãe. Para ele, "a luta pela educação verbal é uma luta pela escola". Confiava na missão do ensino público, do qual foi genuíno exemplo e protótipo. Criou e aceitou neologismos. Era essencialmente um antigramático. Incentivador da reforma ortográfica que ainda suscita polêmica, deixou inacabada esta obra, mas não o seu ideal.

 Em 1993, é convidado pelo então presidente Itamar Franco a assumir a Pasta da Cultura, ministério que no governo Collor foi rebaixado à condição de secretaria. Corajoso e afoito, apesar do orçamento minguado de 0,03% estipulado pela União, marcou sua presença com a reabertura do caminho para o renascimento do cinema nacional, criando e aprovando a Lei do Audiovisual.

 Sua passagem por Brasília deixou pegadas. Disseminou sua bagagem culta e pródiga para alguns poucos privilegiados nas pescarias do Lago Paranoá ou em encontros com amigos, quase sempre à beira de um fogão disputado pela honrosa presença do *chef* mor.

 Foi amigo dos verbos, dos pronomes, das crases, das cervejas e de quase todos os tipos de comida que existem no mundo. A impressionante mistura de intelectual requintado com *gourmet* e boêmio sofisticado cabe como uma luva no enciclopedista. Rara figura humana, teve gosto para curtir e usufruir da vida, apesar dos seus reveses. As mãos ágeis que traduziram o *Ulisses*, de Joyce, eram as mesmas que preparavam uma casquinha de caranguejo ou um bom bife. Entre uma receita e outra, encontrou tempo e disposição para várias atividades que lhe garantiram lugar de destaque no rol dos maiores intelectuais do país.

 Dividia sua paixão pela língua portuguesa com o amor à boa mesa. Adorava beber e comer, e comer bem, além de ensinar os outros a beber e comer bem. Segundo Arnaldo Niskier, foi quem melhor personificou a frase de Pessoa: "Minha pátria é minha língua". E eu acrescento, nos dois sentidos: bem falar e bem comer.

À Cora Coralina, que, com sensibilidade e poesia, adoçou a boca e a vida de seus contemporâneos.

CORA CORALINA (Goiás Velho-Go, 1889-1985). Nascida Ana Lins dos Guimarães Peixoto Bretas, inicia carreira literária com a publicação do conto "Tragédia na roça", em 1910. Saiu de Goiás em 25 de novembro de 1911, indo para o interior de São Paulo: Avaré, Jaboticabal e Andradina. Posteriormente, segue para a capital paulista. Durante 45 anos, viveu fora de seu estado natal. Retorna em 1954, indo morar na casa velha da ponte, onde nasceu, dando início à atividade de doceira. Para Lena Castello Branco Ferreira Costa, "Cora Coralina é o resultado do isolamento em que viveram os artistas de Goiás, até bem pouco tempo. Na falta de escolas e de contato com o mundo exterior — além do Paranaíba —, permaneceram autênticos em inspiração e originais nas formas de expressão. (Exemplo maior é Veiga Valle, o inigualável santeiro de Villa Boa, no século passado. É também o caso de Siron Franco e seus monstros oníricos e satíricos.)"

Aprendeu as principais letras na escola da Mestra Silvina, "tão pobre ela, tão pobre a escola (...) e ela me refez, me desencantou".

Viveu em um ambiente familiar indiferente, quando não hostil, no qual os preconceitos exigiam da mulher submissão e padrões inflexíveis. Para Aninha/Cora, a menina inzoneira, "chorona, feia, de nenhum agrado, repudiada", estava reservado o destino comum de uma vida limitada, "a luta obscura de todas as mulheres goianas". Em um mundo de severa disciplina, de economia doméstica, transcendeu seu lugar e sua gente, e, com sua experiência de dona de casa, mãe, cozinheira e doceira, deu vida ao impulso criador, rompendo as amarras do preconceito. Atendeu ao chamado da poesia, que lhe abriu as portas da percepção, e antenou-se com o país e com o mundo. Como Drummond, identificou-se com os humildes e os oprimidos. Fez da palavra a sua arma e exigiu do alto de sua longa experiência de mulher e mãe, conclamando a sociedade e as autoridades, uma compreensão "terapêutica humana de trabalho" para os presidiários, os delinqüentes e as mulheres da vida.

Repudiou a palavra saudade e apregoou "a vida é boa e você pode fazê-la sempre melhor".

Cora Coralina autodefinia-se: "Mulher sertaneja, livre, turbulenta, cultivadamente rude. Inserida na gleba. Mulher terra. Nos meus reservatórios secretos um vago sentido de analfabetismo. (...) Doceira fui e gosto de ter sido. Mulher operária".

De sua vivência observadora, transformou em poesia o cotidiano áspero desde a infância, descrevendo com humor e dor vários aspectos da natureza humana. Identificada com a própria vida, chega a classificar os homens (em poema homônimo): "Homem Água — é aquele fácil e comunicativo / corrente, abordável, servidor e humano (...) / O Homem Vinho — fechado nos seus valores inegáveis e nobreza reconhecida / Arrolhado seu espírito de conteúdo excelente em todos os sentidos (...) e o Homem Vinagre — mas com esses não vamos perder espaço (...)".

Dizendo viver dentro dela várias mulheres — "vive dentro de mim uma cabocla velha..., a lavadeira..., a mulher cozinheira..., a mulher do povo..., a mulher roceira..., a mulher da vida..." —, conseguiu simultaneamente ser poeta, doceira e doutora. Em 1907, foi redatora do jornal *A Rosa*. Em 1910, publica seu primeiro conto, "Tragédia na roça". Em 1954, de volta a Goiás, escreve o "Cântico da volta". Em 1965, publica seu primeiro livro, *Poemas dos becos de Goiás e estórias mais*. Entre as inúmeras homenagens e prêmios recebidos estão: A Mulher do Ano, pelo Grêmio Lítero-Musical Carlos Gomes-GO — 1976; Troféu Jaburu, do Conselho de Cultura do Estado de Goiás — 1981; Doutora *Honoris Causa* pelo Egrégio Conselho Universitário da UFG e Homenagem do Senado Federal — ambos em 1983; Prêmio da Crítica da Associação Paulista de Crítica de Arte; Troféu Juca Pato da União Brasileira de Escritores; Comenda da Ordem do Mérito do Trabalho; homenageada como símbolo da mulher trabalhadora rural pela FAO (Organização para Alimentação e Agricultura), tema de um *Caso verdade* da Rede Globo — todos em 1984.

Em sua sabedoria quase secular, diz no poema "O poeta e a poesia": "(...) O autêntico sabe que jamais / chegará ao prêmio Nobel / o medíocre se acredita sempre perto dele".

Doutora *Honoris Causa*, cursou apenas a escola primária, sendo diplomada pela vida, na qual aprendeu e assimilou conhecimentos e emoções, gerando versos e frutos verdadeiros, fecundados pela realidade dos fatos. O título recebido da universidade do seu estado natal foi atestado oficial e acadêmico de seu magistério. Prescindiu de salas de aula para se tornar "professora de existência". Segundo Oswaldino Marques, "Oração do milho" é a sua obra-prima, porque contém a mais "brilhante poetização da febre genética do vegetal".

Homenageada com o filme *Cora, doce Coralina*, 1986, de Vicente Fonseca e Armando Lacerda.

O SABOR E O SABER (curiosidades)

"Um dos alimentos de maior sucesso na terra é a Coca-Cola, combinação de intensa doçura, cafeína e irritante sensação no nariz, que achamos refrescante. Foi fabricada inicialmente em 1888 como adstringente bucal e, na época, continha cocaína, perigoso refrescante, abandonado em 1903. Ainda é temperada com extrato de folhas de coca, mas sem a cocaína. O café, o chá, o fumo e outros estimulantes começaram a ser usados no mundo ocidental nos séculos XVI e XVII, e rapidamente percorreram a Europa. Elegantes e causadores de vício, ofereciam aos usuários verdadeiro choque no sistema nervoso, calma narcótica ou excitação e, diferentemente dos alimentos normais, podiam ser tomados em doses, dependendo de como a pessoa desejasse ficar ou de quanto já estivesse viciada." Diane Ackerman

"Cerveja – o principal ingrediente para beber cerveja é o amigo, é um verbo coletivo –, criada pelos deuses – Heródoto, o pai da história, atribuiu sua invenção à deusa Ísis, embora o nome original, cerevix, seja uma homenagem a Ceres, deusa da fertilidade –, em seus tempos primeiros, só freqüentava a mesa de reis e sacerdotes (...). Já foi moeda de câmbio, produto de beleza e bebida consagrada." Rachel Régis

"A república dos sonhos de Platão dosava alternadamente figos e filosofia com o pretexto de garantir a inteligência. Mas desconfia-se que o sábio, sabiamente, privilegiava mesmo era o sabor." *Gourmet Internacional* – Ano II, n° 20

"Aprendi que cozinhar é uma obra-prima. É uma coisa de invenção, criativa. Através da comida você julga uma pessoa – pelo que ela come e como ela come. E pode conhecer todo um povo". Lina Bo Bardi

"Realmente só é quem não tem com quem partilhar uma refeição." Christopher Isherwood – inspirador de *Cabaret*

"Os poetas não estão sempre prontos a anotar suas inspirações? Pois culinária também é arte; se eu deixar minhas idéias para depois, elas acabam se perdendo." Dona Carmem

"Gostaria de fazer uma antologia sobre comida, mostrando-a ao chegar à cidade, sua distribuição, sua venda, as pessoas fazendo a compra, cozinhando, e os vários modos pelos quais o alimento é consumido..." Alfred Hitchcock

"A cozinha brasileira é o resultado da fusão dos usos, costumes e técnicas de três origens: dos europeus, dos indígenas e dos negros africanos. Na cozinha da região amazônica há maior número de traços culturais indígenas; na baiana, predomina a influência dos africanos, e no centro-sul predomina a influência dos europeus." Jamile Japur

"Cultura é tudo aquilo que fica em nós, depois que esquecemos tudo." S. Tomás de Aquino

"A pena é a língua da mente." Miguel de Cervantes

"A mão é a parte invisível do cérebro." Kant

Segundo os sábios, "a parte mais sensual do corpo e melhor afrodisíaco do mundo é a imaginação."

O antropólogo Claude Lévi-Strauss descobriu que as tribos primitivas designavam os alimentos como "bons para pensar" ou "maus para pensar."

"A humanidade, com os dentes cava a própria sepultura." Dr. Jaime Eyre

"A batata frita original foi inventada em 1853, por George Crum, chefe da cozinha de Moon Lake Lodge, em Saratoga Springs, NY, no dia em que, ficando tão furioso de certo hóspede do hotel pedir suas batatas fritas cada vez mais finas, resolveu cortá-las ridiculamente finas (foi o que pensou), fritando-as até ficarem castanhas. O freguês adorou, os outros hóspedes quiseram também, a novidade espalhou-se e, dentro de pouco tempo, Crum abriu seu próprio restaurante, especializado em batatas fritas." Diane Ackerman

"O quentão (cachaça quente) desentristece a saudade do falecido." dito popular

"A prova do paladar está na língua, na aprovação do manjar, e sua inclusão na futura ementa depende da classificação instintiva que vive no cérebro, da disposição sistemática das recordações rápidas acumuladas durante a vida." Luís da Câmara Cascudo

"Comer bem é estar perto de Deus." Primo Pillagi (chef du cosine), no filme Big Night, de Stanley Tucci e Campbell Schott

"O cinema é a minha cachaça; cinema é vício, uma vez que se experimenta não se pode mais largar." Adalberto Kemeny

ABREVIATURAS E SIGLAS

A — argumento
Ad — adaptação
C — cenografia
D — direção
DA — direção de arte
DP — diretor de produção
E — elenco
EF. ESP — efeitos especiais
F — fotografia
FC — fotografia e câmera
FI — figurino
M — montagem
M/E — montagem/edição
MU — música
P — produção
PE — produção executiva
PESQ — pesquisa
PR — produtor
R — roteiro
RE — regência
S — som
SD — som direto
SG — som guia
TS — trilha sonora
ABCV – Associação Brasiliense de Cinema e Vídeo
ABD – Associação Brasileira de Documentaristas
Abraci – Associação Brasileira de Cineastas
CEC – Centro de Estudos Cinematográficos — BH
Cemice – Centro Mineiro de Cinema Experimental
Cepa – Círculo de Estudo, Pensamento e Ação — BA
CNBB – Conferência Nacional dos Bispos do Brasil
Cinédia – Fundada em março de 1930 pelo jornalista e cineasta Adhemar Gonzaga – primeiro estúdio cinematográfico do país
CPC – Centro Popular de Cultura
CPCE – Centro de Produção Cultural e Educativa — UnB
Concive – Conselho Diretor do Pólo de Cinema e Vídeo — DF
ECA – Escola de Comunicações e Artes — SP
Faap – Fundação Armando Alvares Penteado
FAO – Organização para Alimentação e Agricultura
GDF – Governo do Distrito Federal
FEDF – Fundação Educacional do Distrito Federal
Icaic – Instituto Cubano de Arte e Indústria Cinematográficas
Idhec – Institut de Hauts Études Cinematographiques
Iphan – Instituto do Patrimônio Histórico e Artístico Nacional
INC – Instituto Nacional de Cinema
MAM – Museu de Arte Moderna
Ocic – Office Catholic International du Cinema
ONU – Organização das Nações Unidas
PUC – Pontifícia Universidade Católica
RAI – Rádio Televisione Italiana
Sesc – Serviço Social do Comércio
UFRJ – Universidade Federal do Rio de Janeiro
UnB – Universidade de Brasília
UNE – União Nacional dos Estudantes
Unesco – Organização das Nações Unidas para Educação, Ciência e Cultura
Unicamp – Universidade de Campinas
USP – Universidade de São Paulo

O cinema brasileiro na cozinha

COZINHA NO CINEMA Receitas inspiradas em filmes brasileiros

APERITIVOS & DRINQUES
Brascuba (drinque) — Orlando Senna/Santiago Álvarez — 1988
O calor da pele (licor de cravo e canela) — Pedro Jorge de Castro — 1994
O círculo de fogo (cachaça preparada com barbatimão e hortência) — Geraldo Moraes — 1990
O desafio (vodka, vinho de catuaba, creme de amendoim e canela em pó) — Paulo Cézar Saraceni — 1965
O ébrio (cachaça de alambique, mel e essência de baunilha ou cravo) — Gilda de Abreu — 1946

ENTRADAS
A capital dos brasis (bolinho de pirarucu e feijão fradinho) — Geraldo Moraes — 1991
Toma de Minas, a estrada (pão de queijo temperado com ervas e pimenta) — Schubert Magalhães — 1964

SALADA
A paisagem natural (salada mista, folhas, frutas e tabule) — Vladimir Carvalho — 1991

CALDOS
Cabaret mineiro (caldo de milho verde, frango desfiado e couve) — Carlos Alberto Prates Correia — 1980
Conterrâneos velhos de guerra (caldo de feijão roxinho com creme de arroz vitaminado) — Vladimir Carvalho — 1990
Ilha das Flores (caldo de tomate com bacon) — Jorge Furtado — 1989
Ressurreição Brasil (caldo de peixe desfiado e creme de arroz vitaminado) — Marcelo Taranto — 1993

CANJA
Em nome da razão (canja de frango com sopa de cebola e verdura ralada) — Helvécio Ratton — 1978

SOUFLÊ
Garota dourada (souflê de abóbora, requeijão e mel) — Antônio Calmon — 1984

PURÊ
Dona Flor e seus dois maridos (purês: maçã, mandioca e batata) — Bruno Barreto — 1976

TORTAS
A Lira do Delírio (torta de cogumelos e aspargos) — Walter Lima Júnior — 1978
Made in Brazil (torta de verduras, legumes e atum) — Helena Solberg — 1988
No paiz das Amazonas (torta de pirarucu, mandioca e castanha-do-pará) — Silvino Santos / Agesilau de Araújo — 1922

MASSAS
La serva padrona (macarronada ao forno com frutas e couve-flor) — Carla Camurati — 1998
Tutti, tutti buona gente (macarronada três molhos: branco, verde e vermelho) — Orlando Bonfim Netto — 1975

AVES
Cabra marcado para morrer (peru recheado e charutos) — Eduardo Coutinho — 1984
Carlota Joaquina, princesa do Brasil (frango recheado) — Carla Camurati — 1994

O cinema brasileiro na cozinha

CARNES
Bahia de todos os sambas (rabada com camarão e quiabo) — Paulo Cézar Saraceni / Leon Hirszman — 1983/1996
O cangaceiro (baião de três: arroz, feijão fradinho e carne-seca) — Lima Barreto — 1952
O cangaceiro — Anibal Massaini Neto — 1997
Casa grande & senzala (feijoada completa) — Geraldo Sarno — 1974
A grande feira (cozido completo) — Roberto Pires — 1961
A marvada carne (carne-de-sol preparada com leite) — André Klotzel — 1985
Noites do sertão (pernil recheado: milho verde e pamonha) — Carlos Alberto Prates Correia —1984
Xica da Silva (cabrito assado temperado com cachaça e ervas) — Cacá Diégues — 1976

PEIXES E MARISCOS
O amuleto de Ogum (vatapá de camarão) — Nelson Pereira dos Santos — 1974
Barravento (robalo recheado) — Glauber Rocha — 1961
Brasília, a última utopia (torta de bacalhau) — vários — 1991
Bububu no bobobó (bobó de camarão) — Marcos Farias — 1980
Maranhão 66 (arroz de cuxá) — Glauber Rocha — 1966
A terceira margem do rio (moqueca de peixe de água doce) — Nelson Pereira dos Santos —1994

FAROFAS
Casa de farinha (farofa de biju com manteiga e alho) — Geraldo Sarno — 1970/1972 (2º episódio — Herança do Nordeste)
Vidas secas (farofa de carne-seca com couve e banana) — Nelson Pereira dos Santos — 1963

MOLHOS E PIMENTAS
Prova de fogo (molho de pimenta malagueta) — Marcos Altberg — 1984
Se segura malandro (molho de pimenta cumari) — Hugo Carvana — 1978

SOBREMESAS
Banana split — um filme para ser saboreado (sobremesa de banana com *marshmallow*) — Paulo Sérgio Almeida — 1986
Geléia geral (geléia de frutas diversas) — Sandra Werneck — 1986
Romance (maçã recheada) — Sérgio Bianchi — 1988
Sonho de valsa (sorvetão) — Ana Carolina — 1986/1987

LUZ, CÂMERA, MESA E AÇÃO:
O CINEMA BRASILEIRO NA COZINHA

APERITIVOS & DRINQUES

Inspiração
O nome do filme é a própria junção dos dois países. Tendo por base o rum, similar da cachaça – acrescido de limão e licor –, saboreia-se a caipirinha do Brasil e o daiquiri de Cuba a um só tempo.

O cinema brasileiro na cozinha

BRASCUBA

"Os mesmos escravos determinantes do prestígio e do renome da cozinha, na Bahia, os iorubanos ou nagôs, foram povoar Cuba, trabalhando em engenhos de açúcar, como no Brasil. Não conseguiram a popularidade nem a divulgação de sua culinária. Os seus pratos, mesmo em La Habana, fufú, calulú, frucanga, o acará e outros, limitam-se a um nível obscuro e pobre de consumo e destaque."

Ildefonso Pereda Valdés

COQUETEL DE RUM

Ingredientes
1 garrafa de rum
½ garrafa de licor de amêndoas
limões (suco)
hortelã
gelo (cubo ou triturado)

Preparo
Um cálice de rum, 1 cálice de suco de limão, 1 cálice (pequeno) de licor. Colocar todos os ingredientes em uma coqueteleira, adicionar gelo picado ou em cubo e agitar por 2 ou 3 minutos. Decorar com ramos de hortelã e servir em taças.

Rendimento: 20 pessoas.

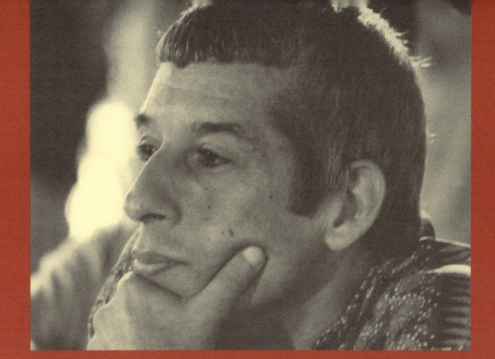

Sinopse
O cubano Santiago Alvarez (que filmou no Brasil) e o brasileiro Orlando Senna, foto, (que filmou em Cuba) mostram as semelhanças e os nexos culturais entre brasileiros e cubanos, apesar das diferenças geográficas e políticas entre a ilha do Caribe e o continente sul-americano. Realizado no momento em que os dois países reataram relações diplomáticas, após 22 anos de rompimento, revela fatos históricos e dramas pessoais relacionados a esse período, bem como o comportamento de cubanos e brasileiros em seu cotidiano, a alegria e a sensualidade dos dois povos.

Ficha técnica
D/R: Orlando Senna e Santiago Alvarez; F: Dervis P. Espinhosa e Ivan Nápoles; M: Gloria Argüelles e Julia Vip; TS: Daniel Longres; S: Cristiano Maciel e Roberto Dias; P: Senna Freire. Cor, 35mm, 100', 1988, Brasil/Cuba. Documentário.

Orlando Senna (Afrânio Peixoto-BA ,1940). Participa em Salvador de toda a efervescência cultural, na década de 1960, do CPC ao Cinema Novo. Em torno da Iglu Filmes, produtora criada por Roberto Pires, convive com Glauber Rocha, Luiz Paulino dos Santos, Paulo Gil Soares e Rex Schindler. Em 1968, vai para o Rio de Janeiro. Diretor de trinta espetáculos teatrais na Bahia, em São Paulo e no Rio de Janeiro. Jornalista, repórter, comentarista de política internacional. Roteirista, produtor, cineasta e professor de cinema com trabalhos realizados no Brasil, na América Latina, na África e na Europa. Fez roteiros para TV e cinema com parceria de Gabriel García Márquez. Foi diretor da Escola Internacional de Cinema e Televisão de San Antônio de Los Baños/Cuba, de 1991 a 1994, onde é membro do Conselho Superior da Fundação del Cine Latino-Americano. Dirigiu o Centro de Dramaturgia do Instituto Dragão do Mar, de Arte e Indústria Audiovisual do Ceará. É organizador do livro *Roteiros do Terceyro Mundo*, de Glauber Rocha. Diretor premiado nos festivais internacionais de Cannes, Figueira da Foz, Taormina, Pésaro, Havana, Porto Rico, além de Brasília e Rio-Cine.

Santiago Alvarez (Havana-Cuba, 1919-1997). Foi radialista e trabalhou como aprendiz de tipógrafo. Estudou medicina e trabalhou com música antes de abraçar o cinema, que foi sua paixão (diz que o cinema mudo foi seu aprendizado). Aos 19 anos, viaja para tentar ganhar a vida nos EUA, onde foi lavador de pratos, mineiro, vendedor. Volta a Cuba em 1941, onde se matricula no curso livre de filosofia. Trabalha numa companhia de seguro e depois em uma rádio, organizando arquivos musicais. O pai, um simpatizante do anarquismo, influenciou-o na leitura de Bakunin e dos filósofos de tendências marxistas. Filiou-se ao Partido Comunista (PSP), em 1946. Enquanto trabalhava na rádio, dedicava-se também a ajudar na organização de importantes bairros de Havana. É fundador da Sociedade Cultural Nosso Tempo, junto com Alfredo Guevara e outros. Disse que as atividades da Sociedade "cimentaram" o terreno para a política cultural da Revolução de 1959. Sua obra germina a partir da revolução cubana. Desde a primeira hora no poder, tratou o cinema como "a mais importante das artes". Fundador do Icaic, foi responsável pelos documentários e pelos cinejornais do Instituto, onde cumpriu o papel histórico de cinecronista oficial do regime de Fidel, tendo sido, por mais de três décadas, o olho da revolução. Sua câmera percorreu as três Américas, a África, a Ásia e a Europa, retratando os protagonistas da segunda metade do século — Fidel Castro, Che Guevara, João Goulart, Niemeyer, Allende, Samora Machel — bem como as guerras do Vietnã, do Laos e do Camboja, a Revolução dos Cravos (Portugal), as lutas pela independência de Angola e Moçambique, a ascensão e a queda de Allende, entre outros episódios históricos. "Cruzou o mundo com uma câmera na mão e um projeto na cabeça." Sua obra impõe-se pela amplitude: 600 cinejornais, 96 filmes, 3 vídeos, primordialmente compostos de documentários e alguns poucos de ficção. Seu nome é obrigatório na história do cinema. Gostava de citar uma frase de Che, que filmou e entrevistou várias vezes: "Cuando lo extraordinário se convierte en cotidiano es que hay una revolución".

"(...) o filme sobre Brasil e Cuba, o ponto de partida foi uma pergunta que nos fizemos um ao outro – como dois países tão diferentes podem ter povos tão semelhantes? O título surgiu naturalmente, ao longo do projeto. Explica Santiago: 'O título é como o espermatozóide do filme, deve conter todas as informações genéticas. Curto muito a comparação e ele deixa escapar mais uma de suas muitas gargalhadas – 'yo soy un politicón eroticón!'."
Orlando Senna

APERITIVOS & DRINQUES

Inspiração
O título é tão sugestivo quanto sensual. Bebe-se "o calor da pele" degustando o desejo despertado pelo olfato, transmutando o paladar em prazer.

O cinema brasileiro na cozinha

O CALOR DA PELE

"As bebidas indígenas convergiam para o complexo da aguardente, e nessa base constituíram vinhos, licores e, na maioria, bate-bate ou batidas, com o açúcar, amansador aparente da violência alcoólica."

"O licor, ardente e doce, para a saúde cumprimentadeira e terminal, era galanteria dos vice-reis na Bahia e, depois em 1763, no Rio de Janeiro. Nunca chegou continuadamente, pelo preço e ambiente, a ser bebida do povo e das classes médias (...)"

Luís da Câmara Cascudo

Ficha técnica
A/R/D: Pedro Jorge de Castro; F: Miguel Freire; M: José Tavares de Barros; DA: Jefferson Albuquerque Jr.; C: Valmir Azevedo; TS: Ednardo; S: Antônio Cezar; Condução e Orquestração: Zé Américo Bastos; PE: Antônio Marçal de Castro; P: Animatógrafo Cinema e Vídeo Ltda. Cor, 35mm, 81', 1994, DF.

Elenco
Ester Góes, B. de Paiva, Denise Milfont, Patrícia França, Francisco Falcão, Antonieta Noronha, Teta Maia, Arnaldo Matos, Lurdinha Falcão, Marcos Pompeu, Pe. Fernando Pontes, Majô de Castro, Rochele. Participações especiais: Haroldo Serra, Tereza Bittencourt e Marcos Miranda.

Premiação
Prêmio Resgate do Cinema Nacional — Ministério da Cultura; Melhor Atriz Coadjuvante: Denise Milfont — XXVII Festival de Brasília do Cinema Brasileiro, 1994.

Pedro Jorge de Castro (Aurora-CE, 1944). No Clube de Cinema de Fortaleza, nasce seu interesse pelo cinema. Estuda na Alemanha, na França, na Bélgica e na Itália, onde realiza seu primeiro filme curta-metragem, *Studenti al lavoro*, como tese de final de curso, em 1968. Sua formação estética, política e cultural tem forte influência do cinema. Radicado em Brasília desde a década de 1970, ingressou na UnB como professor em 1971. Elaborou o projeto do Centro de Tecnologia para Educação, cujo primeiro módulo foi o Nutel/FEDF. Integrou o grupo que implantou o curso de Antropologia Audiovisual, em nível de pós-graduação, na Universidade Católica de Goiás, em 1983. É o criador da coleção Quadro a Quadro, de roteiros cinematográficos, e o coordenador das publicações *Agulha no palheiro*, de Alex Viany, e *O cangaceiro*, de Lima Barreto, entre outros. É o organizador, junto com Marco Antônio Guimarães, da 1ª Mostra de Filmes de Cineastas Residentes em Brasília. Fundador da ABD-DF, hoje ABCV. Trabalha na produção dos filmes *O céu é muito longe* e *Lua de cristal*, de sua autoria.

"Foi na época do Renascimento que o avanço das técnicas de destilação permitiu a fabricação do álcool em quantidades maiores, aumentando as disponibilidades dos licores. Assim, eles deixaram os hospitais, onde alimentavam os males dos viventes, ganhando a mesa dos *gourmets*".

José Mauro de Figueredo
(membro-fundador do Le Cercle des Gastronomes de São Paulo)

"A primeira grande virtude de *O calor da pele* está em seu ótimo roteiro, expondo com eficiência uma situação de poderes paralelos, tendo o sexo como instrumento de poder" (...)

Pedro Martins Freire

Sinopse
O calor da pele é movido por uma história de amor. Por meio dela são analisadas poética e politicamente as relações sociais na cultura nordestina da década de 1950. Circunscrito àquela época, o filme situa-se no universo em que a condição feminina e a negritude são impiedosamente estereotipadas como símbolo de inferioridade e subserviência, o que faz crer numa continuação do sistema de dominação vigente no período colonial de nossa história (...)

LICOR DE CRAVO E CANELA

Ingredientes
1 ½ l de água (filtrada)
2 kg de grançúcar
½ l de álcool de cereais
1 essência de cravo
1 essência de canela

Preparo
Misturar a água com o açúcar, mexendo até dissolvê-lo completamente. Levar ao fogo para ferver de 3 a 5 minutos. Desligar o fogo e esperar esfriar para adicionar as essências e o álcool. Guardar em garrafas. Servir após o cafezinho ou como aperitivo.

Rendimento: 30 pessoas.

APERITIVOS & DRINQUES

Inspiração
Com este título e as imagens do filme que remetem à fé e à paixão, só podia gerar esta alquimia, miscigenação que depura os males do corpo e da alma.

O CÍRCULO DE FOGO

O álcool concentrado, obtido por destilação, não foi a princípio uma bebida, mas, sim, um poderoso medicamento, vendido somente nas farmácias. O seu primeiro nome foi água da vida, tais as qualidades que parecia possuir. Villeneuve, um dos primeiros que apregoaram suas virtudes, dedicou-lhe um verdadeiro tratado, que teve por título *A conservação da juventude e o retardamento da velhice*.

Sinopse
Numa pequena cidade do interior, o assassinato de um lavrador aumenta a oposição entre os trabalhadores do mercado e o prefeito local, o que gera um conflito entre Luciana, uma ceramista, e seu irmão Afonso, empregado do líder político. O drama chega ao clímax quando Luciana descobre que possui as armas que podem libertá-la da opressão de Afonso e livrar a cidade do antigo poder. Mas para isso ela deverá enfrentá-los numa luta ritual de amor e ódio, de vida e morte.

CACHAÇA TEMPERADA

Ingredientes
1 l de cachaça (alambique, de preferência)
200 g de barbatimão (em lascas ou pedaços)
6 folhas de hortência (secas)

Preparo
Retirar a casca da árvore, lavar e deixar secar (os dois primeiros dias no sereno). Após 8 dias, cortar em lascas e colocar na cachaça junto com as folhas. Guardar em ambiente fresco e de pouca luminosidade. Após 1 mês na decocção, o barbatimão já absorveu o teor alcoólico. Após ser coado, está pronto para ser degustado.

Rendimento: 15 pessoas.

Ficha técnica
R/D: Geraldo Moraes; F: Walter Carvalho; M/E: Walter Goulart; DA: Malu Moraes; C: Rachel Arruda; MO: David Tygel e Maurício Maestro; S: Antônio Carlos Muricy; P: Malu Moraes, Aquarela Produções Culturais Ltda. e Embrafilme. Cor, 35mm, 100', 1990, DF.

Elenco
Roberto Bonfim, Cristina Prochaska, Tonico Pereira, Ednei Giovenazzi, Malu Moraes, Venerando Ribeiro, Rui Pollanah, B. de Paiva, Marilena Chiarelli, Sheila Aragão, Dora Wainer e Carmem Moretzsohn.

Premiação
Melhor Fotografia: Walter Carvalho; Melhor Atriz: Cristina Prochaska — XXIII Festival de Brasília do Cinema Brasileiro, 1990; Premiado como um dos melhores filmes latino-americanos de 1990 pelo Washington Film Festival; Prêmio Especial em Trieste (Itália).

Geraldo Moraes (Santa Maria-RS, 1939). Em Porto Alegre, onde foi criado, freqüenta o Cineclube Pró-Deo, que pertence a uma ordem religiosa. Participa do Clube de Cinema de P. F. Gastal e Humberto Didonet, itinerando pelo interior do estado. É fundador do Centro de Estudos Cinematográficos de Porto Alegre. Formado pela Pontifícia Universidade Católica do Rio Grande do Sul e pela Universidade da Flórida (EUA). Crítico cinematográfico e cineclubista em Porto Alegre, no Rio de Janeiro e em Goiânia. No Rio, a partir de 1962, participa do CPC até 1963. Transfere-se para Goiânia em 1964, onde realiza documentários com Fernando Stamata, aprendendo a fotografar e a montar. Constitui a Truca, fazendo experiências em desenho animado. Em 1967, radica-se em Brasília, tornando-se professor de Cinema e Comunicação na UnB, onde, em contato com o fotógrafo Heinz Forthmann, aprende a trabalhar a cor. Roteirista, fotógrafo, montador, produtor e diretor. Concebeu, elaborou e criou o CPCE (Centro de Produção Cultural e Educativa) da UnB, centro referencial de produção de vídeo da universidade. É membro do Júri Internacional da Ocic e de vários festivais brasileiros. É premiado nacional e internacionalmente na área de cinema, vídeo e TV.

O filme termina com a procissão do fogaréu. Segundo Geraldo, há uma relação entre esta procissão e o filme: "É o primeiro espetáculo popular brasileiro que não é exclusivamente folclórico. Ele é essencialmente dramático. Enquanto a população procura o Cristo nas filmagens, Luciana procura o seu Judas".

APERITIVOS & DRINQUES

Inspiração
O próprio termo encerra o embate. Os desafios em quaisquer circunstâncias remetem o homem à busca e à superação dos seus limites físicos, políticos, sociais ou psíquico-emocionais. Se o seu desafio for de energia, este coquetel "viagra" vai levantar seu moral...

O cinema brasileiro na cozinha

O DESAFIO

"Antes morrer de vodka do que morrer de tédio."
Maiakovski

Sinopse
Impotente diante da repressão imposta pelo regime militar, um jornalista entra em crise, agravada pela sua relação com a amante, esposa de um industrial, que não quer abandonar o lar por causa do filho. O filme impõe-se por registrar com legitimidade o difícil momento vivido pelo Brasil nos anos 1960.

COQUETEL DE VODKA

Ingredientes
1 l de vodka
1 l de vinho catuaba
100 g de creme de amendoim
100 g de canela em pó

Preparo
Em um pires, misturar uma porção de creme de amendoim e uma porção de canela em pó. Virar uma taça, encostando a borda da mesma na mistura. Em seguida, colocar na taça uma dose de vodka e uma dose de vinho de catuaba. Ter cautela e moderação para degustar este desafio.

Rendimento: 20 pessoas.

O cinema brasileiro na cozinha

Ficha técnica
D: Paulo Cézar Saraceni; R: Paulo Bastos Martins e o diretor; F/C: Dib Lutfi e Guido Cosulich; M: Ismar Porto; MU: Mozart, Villa-Lobos, Edu Lobo, Vinicius de Moraes, Caetano Veloso e outros; S: Eduardo Escorel; P: Sérgio Saraceni, Mário Fiorani, Imago, Mapa e Caic. P&B, 35mm, 81', 1965, RJ.

Elenco
Isabela, Oduvaldo Vianna Filho, Sérgio Brito, Joel Barcelos, Hugo Carvana, Luiz Linhares, Gianina Singulani, Renata Graça, Marilu Fiorani, Couto Filho, João do Vale, Maria Bethânia, Zé Keti.

Premiação
Prêmio dos Historiadores Mundiais de Cinema; Prêmio da Revista Italiana *Cinema Nuevo*; Prêmio da Crítica Internacional, 1965; Prêmio da Crítica em Cannes.

Paulo Cézar Saraceni (Rio de Janeiro-RJ, 1932). No início da década de 1950, é juvenil do Fluminense, nadador e jogador de pólo aquático. Foi crítico de cinema, ator e assistente de direção em teatro de 1955 a 1958. Foi assistente de Ziembinski e de Eugênio Kusnet. Reconhece que a presença cênica de Cacilda Becker o marcou muito. Participa ativamente da atividade cineclubista no MAM-RJ, quando entra em contato com os filmes de Chaplin, Eisenstein e o neo-realismo italiano. Na UFRJ, Faculdade de Direito, torna-se leitor do *Cahiers du cinéma*. Teve contato com os mestres da crítica paulista Paulo Emílio Salles Gomes e Almeida Salles. Assina o manifesto "Cinema — Cinema", do Suplemento Cultural do JB. "Eu estava preocupado, queríamos fazer um manifesto que rompesse com tudo que estava acontecendo no Brasil em matéria de cinema." Seu primeiro curta *Caminhos*, é premiado com bolsa para o Centro Experimental de Cinema, de Roma, onde conhece Gustavo Dahl, Glauco Mirko Laurelli e Geraldo Magalhães. É colega de turma de Bernardo Bertolucci, de Marco Bellochio, de quem é roteirista do curta *L'Alba romana*, e de Guido Cosulich, que seria o fotógrafo de *O desafio*. O período é 1960-1961. De volta ao Rio, em 1962, participa da criação do Cinema Novo com Glauber, Dahl, Nelson, Alex Viany, Leon, Joaquim Pedro, Barreto, David Neves, Mário Carneiro e tantos outros, quando é elaborado o Manifesto Cinemanovista. Fiel à temática do Cinema Novo, realiza *Integração racial*, em 1964. Produtor de seus filmes, associa-se a Mário Carneiro e a seu irmão Sérgio Saraceni (músico). *Porto das caixas*, em co-direção com Mário Carneiro, "é tido como o filme mais estimulante realizado na fase renovadora do cinema brasileiro", na opinião de Paulo Emílio. Seu primeiro longa, *O desafio*, ambientado pós-golpe de 1964, reflete o momento histórico e a perplexidade diante dos fatos. Segundo Bernardet, "é a fita que vai mais fundo na análise do marasmo da classe média, e é um grande ponto de interrogação". Sua filmografia tem forte influência na literatura: *Capitu*, baseado em Dom Casmurro, de Machado de Assis; *A casa assassinada*, e *O viajante*, de Lúcio Cardoso; *Ao sul do meu corpo*, baseado no conto "Duas vezes com Helena", de Paulo Emílio. Roteirista de *Morire grátis*, de Sandro Franchina, 1966, e *Os trópicos*, de Gianni Amico, 1967 (ambos italianos). Amico teve forte ligação com o Brasil. Organizou o livro *Cinema brasileiro*, em 1962, e dirigiu para a RAI uma série de filmes sobre a música popular brasileira em 1967-1968. *Os trópicos* (rodado no Brasil) homenageia o Cinema Novo. Amico foi ainda o roteirista do filme *Bahia de todos os sambas*, iniciado em 1986 e interrompido com a morte de Leon Hirszman (concluído em 1996).

"O golpe militar ficava mais terrível quando se usava a poesia contra os generais. Nenhum panfleto, nenhum ódio ou ressentimento, apenas a mais dura indignação. Muito apropriadamente, o filme termina com uma canção de Zumbi, música de Edu Lobo e letra de Gianfrancesco Guarnieri, inspirada em Bertolt Brecht. É uma canção que fala 'num tempo sem sol, num tempo de guerra.' E esta guerra será vencida pelos homens que abriram os olhos para os verdadeiros caminhos, como o intelectual do filme, Paulo Cézar Saraceni." Alex Viany

"O personagem é um anticínico exacerbado. A política deixa de ser um problema do Estado para ser a própria respiração do homem, a sua condição de existência." Almeida Salles

"Vinte e quatro vezes por segundo. *O desafio* é um filme que me lembra a frase misteriosa de Leon Bloy. 'A beleza é sempre trágica porque ela é o canto de uma privação'." Rogério Sganzerla

"Essa angústia é nossa. *O desafio* é, a meu olhos, um filme tão corajoso, tão grave, tão exaltante, tão belo como o *Le petit soldad*, de Godard. Mais forte e mais profundo que o *Deserto vermelho*, de Antonioni." Jean Collet

APERITIVOS & DRINQUES

Inspiração
O título e o tema são a perfeita tradução do termo. O que levou à criação desta receita foi a admiração pela autora e pelo ator principal. A homenagem é para os dois. Ao degustador, um aviso: por maior que seja a desilusão, não vale a pena tornar-se um ébrio...

Sinopse
Gilberto Silva, jovem interiorano, bem situado financeiramente e com talento musical, repentinamente se vê com problemas de perdas materiais e sem o apoio da família. Desesperado e sem alternativas, migra para a cidade grande. Passa a viver no anexo da sacristia, com o auxílio de um padre, que o incentiva a procurar emprego. Inscreve-se num programa de rádio, alcançando enorme popularidade. Entra para a Faculdade de Medicina e, como cirurgião, conquista seu espaço. Retribui o apoio recebido do padre e opera uma garota paralítica que recupera os movimentos. No hospital, conhece uma jovem enfermeira, casam-se e vivem uma grande paixão. Rico e famoso, os parentes que antes o abandonaram, voltam a assediá-lo. Recebe-os com gentileza. Um primo aplica-lhe um golpe fatal, roubando os tesouros da sua vida, inclusive a mulher. A partir daí passa a viver uma grande desilusão. Abandona tudo e transforma-se num bêbado errante.

O cinema brasileiro na cozinha

O ÉBRIO

"Em 1797, o padre Vicente Ferreira Pires, baiano, chamava-a muito justamente aguardente de cachaça; destilação de uma aguardente de um caldo fermentado de borras de mel — cachaça. O nome fixar-se-ia no século XVIII."

"Todos os naturalistas estrangeiros que visitam o Brasil, depois de 1808, do Rio Grande do Sul ao Amazonas, percorrendo Minas Gerais, Mato Grosso e Goiás, o Nordeste inteiro até o Maranhão, as terras de Santa Catarina e do Paraná, encontram a cachaça, aguardente da terra, como a bebida favorita indispensável ao brasileiro pobre, fabricada onde possível e mandada buscar onde estivesse. Essa 'nacionalização' exigiria algum tempo para tornar-se efetiva, atendendo à extensão territorial e à precariedade da circulação."

Luís da Câmara Cascudo

BEBE FÁCIL

Ingredientes
1 l de cachaça (alambique)
½ l de mel (natural)
essência de baunilha ou cravo

Preparo
Em um copo pequeno, adicionar 1 xícara (chá) de cachaça, 1 xícara (chá) de mel e 5 gotas de essência. Mexer e acrescentar o gelo (ou não).

30

Ficha técnica
D/R: Gilda de Abreu; A/MU: Vicente Celestino; F/M: Afrodísio de Castro; S: Luiz Braga Júnior e Alberto Vianna; P: Adhemar Gonzaga e Cinédia. P&B, 35mm, 65',1946, RJ.

Elenco
Vicente Celestino, Alice Archambeau, Rodolfo Arena, Victor Drumond, Manoel Vieira, Walter D'Ávilla, Júlia Dias, Antônia Marzulo, Amadeu Celestino, Oswaldo Loureiro e outros.

Gilda de Abreu (Paris-França, 1904-1979). Recebeu uma educação esmerada, dentro dos melhores padrões europeus. Por causa da Primeira Grande Guerra Mundial, veio para o Brasil. No Rio de Janeiro, estudou no Conservatório Nacional de Música e, a exemplo da mãe, Nícia Silva, torna-se cantora lírica. A partir dos 15 anos, interessa-se por cinema. Assistia a vários filmes por dia, principalmente as obras de Griffith e as protagonizadas por Greta Garbo. Após a morte do pai, abraça definitivamente a arte. Roteirista, escritora (seu romance Mestiça foi adaptado para o cinema por Lenita Perroy). Cantora, atriz, produtora teatral e cineasta. Estréia nos palcos em 1933. Ao se exibir num teatro da Praça Tiradentes, abalou a moral da sociedade burguesa da capital do país. O espetáculo foi um grande sucesso de público. Foi a primeira cineasta a fazer sucesso e carreira no cinema brasileiro. Ainda em 1933, casa-se com o cantor Vicente Celestino, artista de grande popularidade. Integrou o elenco de várias companhias líricas em temporadas no Brasil. Atuou como atriz em Bonequinha de seda (papel rejeitado por Carmem Miranda), de Oduvaldo Vianna, e A viuvinha, de Ítalo Dandini. Autora de Canção de amor, em tributo à carreira do marido. Escreveu ainda um roteiro sobre Carlos Gomes que, infelizmente, não conseguiu filmar.

"Um trabalho sério e competente. Filme que à sua época conquistou multidões de espectadores. Merece ser louvado com o maior apreço. Trata-se também do resgate da própria memória do cinema e da cultura brasileira. A preservação da memória deve ocorrer lado a lado com o novo, num único e contínuo fio." Nelson Pereira dos Santos

"É talvez o filme mais popular do nosso cinema. Para o público, esse lendário drama (dramalhão) terá o sabor de uma peça humorística ingênua, e o filme será visto com a curiosidade de uma relíquia primitiva. Graças a ele, a homens como Adhemar Gonzaga, fundador da revista Cinearte e dos estúdios da Cinédia, o cinema brasileiro tem um passado, uma história a ser contada." Valério de Andrade

ENTRADAS

Inspiração
O título é o exemplo da verdade inconteste. Outra interpretação não há que não seja Brasília. A receita é dublê do acarajé, adaptada ao Centro-Oeste. Sendo o feijão e o arroz a base da alimentação brasileira, todos os brasis estão contemplados.

Sinopse
Conhecida como cidade sem esquina, Brasília já consagrou seus pontos de encontro. No Bar do Afonso, no Beirute e em vários pontos das satélites, a dieta mescla picanha e quibe, carne-de-sol e pão de queijo. Nas mesas e nas ruas, a diversidade dos sotaques regionais dissolve-se na unanimidade do chope e cria um novo cardápio de expressões que alimenta a reunião do país de si mesmo. Participação especial de Renato Russo e dos garotos que começavam seus trabalhos, entre eles a banda de André Moraes.

Ficha técnica
D/R: Geraldo Moraes; F: Walter Carvalho; M: João Ramiro Mello; MU: Serenata em Diamantina na voz de Juscelino Kubitschek; S: Chico Bororo; P: José Pereira.

Geraldo Moraes (ver *Círculo de fogo*)

"*A capital dos Brasis* fotografa a síntese racial/cultural do sotaque brasileiro, vivenciado em Brasília como cidade adaptada à contemporaneidade urbana, assimilada à cultura do pós-moderno e do rock, ao mesmo tempo que é habitada por candangos vindos do interior."
Geraldo Moraes

O cinema brasileiro na cozinha

A CAPITAL DOS BRASIS

"É esta a missão de Brasília: integrar e unificar todas as regiões num só todo, procurando atenuar os desníveis e os desequilíbrios econômicos e sociais que caracterizam por excelência a realidade brasileira."

Josué de Castro

BOLINHO DE PIRARUCU

Ingredientes
1 kg de feijão fradinho
1 kg de farinha de trigo
2 kg de peixe (de água doce) salgado
6 ovos
ervas (tempero)
cheiro-verde (cebolinha e coentro)
óleo de soja (sem colesterol)

Preparo
Colocar o feijão de molho por 6 horas. Para dessalgar o peixe, colocar de molho também por 6 horas, trocando a água regularmente. Após aferventá-lo, esperar esfriar, tirar todas as espinhas e desfiá-lo. Passar o feijão no processador. Em uma gamela, misturar o feijão, o peixe, a farinha de trigo, os ovos (inteiros) os temperos e as ervas: cheiro-verde picado, pimenta-do-reino, açafrão, manjerona. Amassar com as mãos até formar uma pasta uniforme. Fazer os bolinhos e fritar no óleo bem quente. Esperar dourar e pôr em papel toalha para retirar o excesso.

Rendimento: 30 pessoas.

O cinema brasileiro na cozinha

33

ENTRADAS

Inspiração
Com este título, baseada na sinopse e na arraigada cultura culinária do pão de queijo, nenhuma outra receita será capaz de externar esta preferência nacional. O pão de queijo é para Minas o que o acarajé é para a Bahia.

O cinema brasileiro na cozinha

TOMA DE MINAS, A ESTRADA

"É na alquimia da cozinha que os temperos resgatam, do cotidiano, uma festa de sabor e cheiros."
Jezebel Salem

"(...) No café que oferecem os ricos e pobres a pobres e ricos, os brasileiros não dão apenas a bebida saborosa, dão a alma."
Rui Ribeiro Couto

Sinopse
A história de Minas Gerais, por meio dos painéis da pintora mineira Yara Tupinambá.

Ficha técnica
A/R/D: Schubert Magalhães; FC: Maurício Andrés; M: Harley Carneiro; P: Paulo Leite Soares. Cor, 35mm, 10', 1964, MG. Documentário.

Schubert Magalhães (Belo Horizonte-MG, 1936-1984). Começou a freqüentar cinema aos 5 anos. Assistindo a filmes e debates, torna-se cineclubista. Teve como professores Décio de Almeida Prado e Alfredo Mesquita. Com Augusto Boal estudou dramaturgia e análise de textos com Antônio Cândido. Em 1958, dirigiu as peças *O homem da flor na boca*, de Pirandello, e *Piquenique no front*, de Fernando Arrabal. Foi assistente de direção de *Barravento*, 1960, na primeira fase sob a direção de Luiz Paulino dos Santos; de *A ilha*, 1962, de Walter Hugo Khouri; de *Mar corrente*, 1967, de Luiz Paulino dos Santos, e de *Brasil ano 2000*, 1967/1968, de Walter Lima Júnior. Fez o curso de cinema promovido pelo Itamaraty—Unesco, no Rio de Janeiro, ministrado pelo cineasta sueco Arne Sucksdorff em 1963. De volta a Belo Horizonte, participa da fundação do Cemice e faz a produção do primeiro filme do Centro — *O milagre de Lourdes* —, dirigido por Carlos Alberto Prates Correia. Em 1969, além de fundar com Vítor de Almeida e Flávio Werneck a Filmes D'El Rey, foi colaborador no Suplemento Literário do *Jornal Minas Gerais*. Em 1970, trabalhou como crítico de cinema de *O Estado de Minas*. Andarilho, trafegou por São Paulo, Rio e Minas. Além de diretor de teatro e cinema, assistente de direção e produtor, foi caminhoneiro e trabalhou em circo como trapezista.

O cinema brasileiro na cozinha

PÃO DE QUEIJO TEMPERADO

Ingredientes
1 copo d'água
1 copo de leite
1 copo de óleo
4 copos de queijo (curado e ralado)
4 copos de polvilho doce
5 ovos
ervas (páprica, noz-moscada e manjericão)
1 colher (chá) de molho de pimenta
sal a gosto

Preparo
Colocar numa tigela grande o polvilho. Ferver a água, o leite, o óleo e o sal juntos. Tirar do fogo e despejar aos poucos no polvilho misturando bem. Deixar esfriar. Quando estiver bem frio, colocar os ovos, o queijo ralado, as ervas e o molho de pimenta. Amassar até formar uma pasta homogênea. Umedecer as mãos com óleo e enrolar (1 colher de massa) formando pequenos bolinhos. Colocar em assadeiras e levar ao forno pré-aquecido por 20 a 30 minutos.

Rendimento: 15 pessoas.

SALADA

Inspiração
Este título, inspirou-me a flora exuberante de norte a sul do país. Sendo as hortaliças, verduras e frutas complementos básicos à saúde, esta receita sugere e motiva a criatividade peculiar do aspirante a *gourmet*.

O cinema brasileiro na cozinha

A PAISAGEM NATURAL

"Para fazer uma boa salada, o indivíduo deve ser avaro para despejar o vinagre, pródigo para derramar o óleo, prudente para esparramar o sal e louco para misturar tudo à exaustão."

Provérbio medieval

"Somos um povo rico de frutas variadíssimas e ao mesmo tempo ignorante de suas vantagens."

Dr. Alberto Seabra

SALADÃO TABULE

Ingredientes/hortaliças
abóbora, acelga, agrião, alface, almeirão, aipo, beterraba, cebola, cenoura, couve-flor, feijão fradinho, nabo, pepino, pimentão, rabanete, repolho, tomate, todos os tipos de picles.

Ingredientes/frutas
abacaxi, azeitona, banana, caju, caqui, carambola, laranja, limão, maçã, mamão, manga, melão, pêra, uva

Preparo
Toda e qualquer hortaliça ou fruta deve ser lavada à exaustão, com água sempre corrente. As folhas devem ficar imersas de 10 a 15 minutos em recipiente com água, vinagre ou suco de limão antes de serem usadas. Hortaliças e frutas (fora abóbora, cebola, abacaxi, banana, laranja, mamão, manga e melão) devem ser lavadas com esponja e detergente com limão. Repetir o mesmo processo, imersão em água, antes de usar. Aipo, beterraba, cebola, cenoura, nabo, rabanete e repolho podem ser ralados ou cortados em rodelas ou tiras finas à escolha do *gourmet*).
Na composição dos pratos (saladas), use a imaginação e construa a montagem aliando criatividade e técnica. Quanto mais elementos variados você usar, além de enriquecer a salada (em combinações de vitaminas, sais e carboidratos), vai torná-la mais bonita e apetitosa. Primeiro os olhos se deliciam e enviam mensagem ao cérebro, que aguça as glândulas salivares.
Bom apetite!

O cinema brasileiro na cozinha

Sinopse
Brasília é patrimônio histórico da humanidade, não apenas por sua extraordinária arquitetura e traçado urbano, mas também por se constituir numa espécie de santuário natural, com seus rios, cerrados, cachoeiras e grutas de formidáveis proporções. Esse verde que a circunda terminou por invadi-la no seu âmbito mais íntimo, tornando-a uma cidade muito peculiar.

Ficha técnica
D/R: Vladimir Carvalho; F: Walter Carvalho; M: Eduardo Leone; TS: o diretor e Zé Ramalho; S: David Pennington, Waldir Pina de Barros, Eduardo Leone e o autor; P: Vertovisão; Cor, 35mm, 21', 1991, DF

Premiação
Melhor Plano Fílmico — Rio-Cine-Festival.

Vladimir Carvalho (Itabaiana-PB, 1935). Ativo participante do movimento de documentaristas da Paraíba, registrado no filme *Cinema paraibano — vinte anos*, de Manfredo Caldas. Assistente de direção do histórico *Aruanda*, de Linduarte Noronha (que Glauber Rocha apontava como o despertar do moderno documentário no Brasil), de *O grito da terra*, de Olney São Paulo, e de *Opinião pública*, de Arnaldo Jabor. Chega a Brasília em 1970, ano em que co-dirige com Fernando Duarte *Vestibular 70*, com quem inicia o ciclo de filmes curtas-metragens que dá prestígio a Brasília nos festivais e, conseqüentemente, provoca o surto cinematográfico local. Fundador da ABD/DF (hoje ABCV). Como seu primeiro presidente, realiza o Encontro Nacional de Documentaristas Cinematográficos, cujos anais são editados com o título *Em prol do curta-metragem*. Concebeu e realizou o 1º Festival do Filme Brasiliense em 1981, mostrando à cidade e às personalidades do meio que esta, após 21 anos, já tinha cara própria no sentir, no fazer e no exibir sua produção. É considerado um dos maiores documentaristas do país, principalmente depois da saga do *País de São Saruê* (que mofou nas gavetas da censura por nove anos), liberado com a anistia em 1979 e que, ainda hoje, permanece atual e incômodo aos olhos do "Brasil Grande", que, na era da globalização, continua incapaz de reverter aspectos primários da exploração do homem pelo homem e da sobrevivência digna. Autor de uma obra respeitada, ressurge no panorama nacional com a epopéia da construção de Brasília (trinta anos depois) mostrando ao país e ao mundo as nossas mazelas. Jornalista, roteirista, cineasta e professor. Documentarista convicto, em 1994 funda o Cinememória, onde preserva documentos, filmes, livros, revistas, folhetos, cartazes, fotos e equipamentos. Franzino na aparência, mas um gigante na determinação da profissão que abraçou, seu último filme, *Barra 68*, traz à tona um dos períodos mais negros da nossa história — a repressão estudantil na UnB.

"A obra de Vladimir não percorre as alamedas cativantes da fantasia; ela espelha os sonhos de uma arte verdadeiramente comprometida com o seu tempo e espaço e com os ideais permanentes de justiça social."
Paulo Mello
(Folheto da *XV Jornada de Cinema da Bahia*)

Descartes, matemático e filósofo francês, certa vez surpreendeu seus ouvintes com uma longa digressão sobre as verduras. Um dos espectadores (que provavelmente pensava que a vida é feita de coordenadas e abscissas ou que a gastronomia se resume a ostras e caviar) criticou o matemático por desperdiçar o seu discurso com tal assunto. Descartes foi fulminante em sua resposta: "Você crê que a natureza produz todas as coisas boas só para os imbecis?"

CALDOS

Inspiração
Tomando este caldo, você estará preparado(a) para resistir às investidas de todos os cabarés, inclusive o mineiro.

O cinema brasileiro na cozinha

CABARET MINEIRO

" O caldo era alimento-remédio, fatal nas prescrições esculapinas dos séculos XVII/XVIII."

CALDO DE MILHO VERDE

Ingredientes
12 espigas de milho (verde)
2 peitos de frango (cozidos e desfiados)
12 tabletes de caldo de galinha
1 pacote de sopa de cebola
1 colher (sobremesa) de pimenta-do-reino (branca), sal, alho e açafrão
½ xícara de gengibre ralado
500 g de couve picada (crua)
1 pimentão
2 tomates
1 xícara de óleo (sem colesterol)

Preparo
Retirar a pele dos peitos de frango, perfurar, lavar e temperar com sal, alho, pimenta-do-reino e açafrão. Deixar descansar por 6 horas para pegar bem o tempero. Refogar em meia xícara de óleo, acrescentar 2 litros de água e esperar cozinhar. Escorrer o caldo e reservar. Desfiar os peitos de frango e reservar. Limpar (retirar os cabelos do milho), debulhar ou cortar os caroços das espigas. Bater no liqüidificador o milho com água filtrada (1 litro de água para cada 4 espigas) e coar. Aquecer em fogo brando uma panela grande, despejar meia xícara de óleo, juntar uma cebola, um pimentão e dois tomates (todos picados), 12 tabletes de caldo de frango, 1 pacote de sopa de cebola e o frango desfiado. Acrescer os caldos do frango e do milho, mexendo sempre até a fervura. Se preferir o caldo bem grosso, dissolver 200 gramas de amido de milho em água filtrada e misturar.
Por último, coloque o gengibre ralado.
Servir quente com a couve crua picada.

Rendimento: 15 pessoas.

O cinema brasileiro na cozinha

Sinopse

Durante viagem de trem, pelo norte de Minas, Paixão, elegante aventureiro, apaixona-se por Salinas. Os dois amam-se na cabine-leito. De manhã, ao acordar, ele verifica que não existe ninguém na cabine. Em Montes Claros, durante o pôquer, Tomaz, um americano, apresenta um novo jogo. Paixão inventa, então, o cri-cri, a seu ver superior ao do americano. Já numa pequena cidade vizinha, Paixão, embriagado, sonha com Salinas. Ele dorme na areia do rio onde encontra Evangelina, uma adolescente que faz ioga nua. De volta a Montes Claros, Paixão apaixona-se por Avana, dançarina espanhola dona de um cabaret. Os dois vão morar em Grão-Mogol, numa casa de campo paradisíaca. Maruja, a empregada da casa, observa-o de soslaio, e a cantora percebe o lance, ameaça a concorrente, mas, desprendida, deseja-lhes felicidades. O novo par sai à procura de um leito e, de repente, surge uma onça que salta sobre eles. Paixão rapidamente puxa o revólver e atira, matando-a. Debaixo da pele da fera estava uma morena da zona, mandada por Tomaz. O espectro do americano aparece, levando também um tiro que o atravessa mas não o fere nem mata. Paixão retira-se perplexo. Na praça da estação, ele se vê levando mulher e filho ao trem que sairá para o hospício. Vendo que as loucas não partem por vontade própria, suspeita que o estejam deixando sozinho como castigo.

Ficha técnica

A/R/D: Carlos Alberto Prates Correia; FC: Murilo Salles; C/FI: Carlos Wilson; M: Idê Lacreta; MO: Tavinho Moura; SD: Walter Goulart; P: Cinematográfica Montesclarense, Zoom Cinematográfica e Corisco Filmes. Cor, 16/35mm, 75', 1980, MG.

Elenco

Nelson Dantas, Tamara Taxman, Tânia Alves, Louise Cardoso, Eliene Narduche, Helber Rangel, Luiza Clotilde, Dora Pellegrino, Carlos Wilson, Maria Sílvia, Zaira Zambelli, Thelma Reston, Nildo Parente, Paschoal Vilaboim, Sônia Santos, Nena Ainho.

Premiação

Melhor Fotografia: Murilo Salles; Melhor Trilha Sonora: Tavinho Moura — XIII Festival de Brasília do Cinema Brasileiro, 1980; Melhor Filme; Melhor Direção; Melhor Ator: Nelson Dantas; Melhor Fotografia; Melhor Trilha Sonora; Melhor Montagem: Idê Lacreta; Melhor Atriz Coadjuvante: Tânia Alves — Festival do Cinema Brasileiro de Gramado-RS, 1981.

Carlos Alberto Prates Correia (Montes Claros-MG, 1941). Em Belo Horizonte participa do movimento cineclubista e faz crítica de cinema, no início dos anos 1960. Nessa mesma década, contribui para a fundação do Cemice e dirige o curta que inaugura o Centro: *O milagre de Lourdes* (1966). Ligado ao Cinema Novo, trabalha com vários bambas do cinema: continuísta de *O padre e a moça*, de Joaquim Pedro de Andrade; assistente de direção de *Macunaíma* (idem); diretor de produção de *Vai trabalhar, vagabundo*, de Hugo Carvana; de *Quando o carnaval chegar*, de Cacá Diegues, e de *Sonho sem fim*, de Lauro Escorel. Filma sempre em sua cidade por considerar seu universo mítico. Seu cinema é autoral: quer na fábula semi-realista de *Crioulo doido*, na reflexão de *Perdida*, no onirismo da viagem de *Cabaret mineiro*, ou na sátira de *Minas — Texas*. Em *Os marginais*, dividiu a direção com Moisés Kendler. Este diretor, premiado nacional e internacionalmente, é avesso a entrevistas. Fala sempre por meio do personagem que criou para si — Charles Stone.

"Minas Gerais está para o Brasil assim como a Sicília está para a Itália. Os mineiros agrupam-se em qualquer lugar do mundo e ajudam-se mutuamente, pois parecem não confiar em mais ninguém. Não deixam escapar nem mesmo seus segredos, esperanças e expectativas. Não é de admirar que tenham alcançado uma posição de clara hegemonia nas finanças e na política brasileiras. Na verdade, Humberto Mauro tornou-se o maior do cinema brasileiro nos anos 1920 trabalhando na cidadezinha de Cataguases, Minas Gerais (...)" Nelson Hoineff

O cinema brasileiro na cozinha

CONTERRÂNEOS VELHOS DE GUERRA

CALDOS

Inspiração
Com ou sem guerra, a fome é sempre inimiga. Com este caldo, todo e qualquer conterrâneo poderá enfrentar todas as batalhas.

"A palavra Nordeste evoca-nos sempre o espetáculo das secas. Quase não surge senão as secas, os sertões de areias secas rangendo debaixo dos pés."
Gilberto Freyre

"Nenhum povo do mundo, à exceção talvez do chinês, se mostra tão enraizado a uma terra que periodicamente se mostra tão ingrata como o sertanejo do Nordeste."
Josué de Castro

Sinopse
Saga dos anônimos pedreiros construtores de Brasília que, depois da obra concluída e inaugurada, foram rechaçados para a periferia. São os lances mais dramáticos da construção da cidade a partir do ponto de vista dos operários que não puderam habitar a cidade que ergueram. Tudo culmina com a história inédita do massacre que vitimou os candangos, em 1959, nos canteiros de obras.

Ficha técnica
D/R/P: Vladimir Carvalho; F: Alberto R. Cavalcanti, David Pennington, Walter Carvalho, Fernando Duarte, Jacques Cheuiche, Marcelo Coutinho e Waldir de Pina; M: Eduardo Leone; TS: Zé Ramalho; SD: Chico Bororo, David Pennington, Waldir de Pina e Alberto Nascimento. Cor/P&B, 16/35mm, 150', 1990, DF.

Premiação
Melhor Filme LM 16mm, Melhor Diretor, Prêmio da Crítica, Prêmio Jornal de Brasília — XXIII Festival de Brasília do Cinema Brasileiro, 1990; Prêmio Margarida de Prata/CNBB, 1990; Prêmio Especial do Júri — Festival do Cinema Brasileiro de Gramado-RS, 1991; Prêmio Especial do Júri — Festival do Novo Cinema Latino-Americano — Havana-Cuba, 1992.

VLADIMIR CARVALHO (ver *A paisagem natural*)

"História da construção de Brasília vista pelo avesso do oficialismo; é uma ópera brasileira. (...) É um documentário emocionante."
Luiz Zanin Oricchio

"Vladimir Carvalho, nesta obra de reverência à memória social de Brasília, contada por seus próprios construtores, diz mais do que muitos livros escritos sobre a cidade por que põe a nu tudo o que somos: uma cidade projetada para o país como reino do poder e da tecnocracia, mas de fato apenas uma cidade que conta com alegria, sangue, suor e lágrimas sua história inacabada." Nair Bicalho

"Se mil vidas eu tivesse, mil vidas eu dedicaria ao documentário. Há todo um país, há toda uma memória e uma realidade sociopolítica a se revelar. (...)" Vladimir Carvalho

CALDO DE FEIJÃO

Ingredientes
1 ½ kg de feijão (roxinho)
1 kg de carne-seca (vaca)
200 g de língua de porco
200 g de orelha de porco
200 g de lingüiça
1 cebola
1 cabeça pequena de alho
1 cx. de creme de arroz (vitaminado)
3 limões
2 colheres (sopa) de óleo sem colesterol
pimenta-do-reino/cominho
ervas (várias e galhos de alecrim)
2 maços de cheiro-verde (cebolinha e coentro)

Preparo
Tirar o sal das carnes. Aferventá-las na água com limão e alecrim. Escorrer, temperar com alho picado, pimenta-do-reino e suco de 1 limão. Deixar o feijão de molho por 4 horas. Escorrer, colocá-lo em uma panela grande (de pressão), juntar as carnes e a água (1 litro para cada ½ quilo de feijão); cozinhar até desmanchar. Deixar esfriar, bater no liqüidificador (feijão e carnes). Na mesma panela, aquecer 2 colheres de sopa de óleo, refogar a cebola (picada), o restante do alho espremido e adicionar o caldo batido. Se preferir, engrossá-lo com creme de arroz (dissolvido em água filtrada). Mexer sempre para não embolar e desligar o fogo após fervura. Servir (em canecas ou cumbucas) com o cheiro-verde picado. Acompanha pães.

Rendimento: 20 pessoas.

CALDOS

Inspiração
O filme em si é um soco no estômago e na consciência de qualquer cidadão. Assim, pensei um prato que fosse consistente, porém de fácil digestão, sugerindo que — a despeito da apartação social enfocada pela fita — o homem não se nivela aos porcos na disputa pela sobrevivência. Ao contrário, saboreia-os de várias maneiras.

O cinema brasileiro na cozinha

ILHA DAS FLORES

"Os pobres, em regra, são subnutridos, avitamínicos e fracos; enquanto os porcos engordam com as frutas estragadas, muitas laranjas e abacates perdem-se nas plantações do interior por falta de transporte."

Alfons Balbach

CALDO DE TOMATE

Ingredientes
2 kg de tomates (maduros)
½ kg de carne (moída)
½ kg de bacon
1 cx. de creme de arroz (vitaminado)
1 cebola
1 cabeça de alho
1 colher (sobremesa) de pimenta-do-reino (branca)
ervas
cheiro-verde
2 limões
pimenta-malagueta

Preparo
Lavar e temperar a carne com o suco dos limões, alho e sal (amassados), pimenta-do-reino e ervas. Deixar descansar por 30 minutos. Aferventar os tomates por 5 minutos. Escorrer, deixar esfriar, tirar as peles, abri-los em um escorredor (para aproveitar o suco das sementes). Bater no liqüidificador e separar. Fritar o bacon, retirar os torresmos, fritar a cebola (picada) e refogar a carne moída por 30 minutos. Abaixar o fogo, acrescentar o suco de tomate, o torresmo do bacon e engrossar (o caldo) com o creme de arroz vitaminado, previamente dissolvido em água filtrada. Deixar ferver por 10 minutos, mexendo sempre para não embolar. A consistência fica cremosa. Adicionar pimenta a gosto.

Rendimento: 10 pessoas.

O cinema brasileiro na cozinha

Sinopse
Um tomate é plantado, colhido, transportado e vendido num supermercado, mas apodrece e acaba no lixo. Acaba? Não. *Ilha das Flores* segue-o até o seu verdadeiro final, entre animais, lixo, mulheres e crianças. E então fica clara a diferença que existe entre tomates, porcos e seres humanos.

Ficha técnica
A/R/D: Jorge Furtado; F: Roberto Henkin e Sérgio Amon; M: Giba Assis Brasil; MU: Geraldo Flach; N: Paulo José; P: Casa de Cinema, Mônica Schmiedt e Nora Goulart. Cor, 16/35mm, 13', 1989, RS.

Elenco
Ciça Reckziegel.

Premiação
Melhor Curta-Metragem, Júri Oficial e Popular, Melhor Roteiro, Melhor Montagem (Giba Assis Brasil), Prêmio da Crítica — Festival do Cinema Brasileiro de Gramado-RS, 1989; Melhor Curta-Metragem Brasileiro — Prêmio Air France, 1989; Primeiro Prêmio Urso de Prata — Festival Internacional de Cinema, Berlim, Alemanha, 1990; Melhor Filme (Júri Popular), Melhor Filme (Prêmio da Crítica) — Festival de Curta-Metragem de Clemont-Ferrand, França, 1991; Melhor Filme — Hambúrguer Kurzfilm — Festival No Budget Film Festival Hamburgo, Alemanha, 1991; Melhor Curta-Metragem — Margarida de Prata/CNBB, 1990; Primeiro Prêmio — Festival Internacional du Filme de Region, 1994.

Jorge Furtado (Porto Alegre-RS, 1959). Queria ser psicanalista. Estuda medicina e psicologia. Quando descobre que não tem vocação para médico, estuda artes plásticas e jornalismo, mas não conclui nenhum dos cursos. Participa ativamente do movimento estudantil e une-se aos anarquistas. Admite ter aprendido muito com Marx. Estagia na TV Educativa, dirige o Museu de Comunicação do Estado. É um dos fundadores da Casa de Cinema de Porto Alegre, onde se inicia na direção em co-parceria. Seu primeiro filme autoral, *Ilha das Flores*, é um marco no cinema brasileiro, superpremiado nacional e internacionalmente. Diretor de onze filmes curtas, médias e longas-metragens, e sendo *Estrada* o terceiro episódio do longa *Felicidade é...* Professor de cinema, roteirista e diretor da TV Globo, onde em várias minisséries gravou a marca do seu talento: *Memorial de Maria Moura*, *Agosto*, etc. Trabalha na produção de *O povo*, seu longa em parceria com Giba Assis Brasil, cujo enfoque são as campanhas eleitorais, como o povo vê o político e vice-versa.

"(...) O documentário toma quase todo o espaço deste filme, no qual existem também momentos de ficção, enriquecendo esta pequena vinheta sobre o miserabilismo terceiro-mundista. Enfocando a trajetória de um tomate podre — que passa da plantação de um japonês para o supermercado e daí para a cozinha de uma dona de casa que vende perfumes de porta em porta, indo acabar num aterro de lixo de uma das ilhas do rio Guaíba —, Jorge fez um filme um pouco à maneira do alemão Alexandre Kluge, em que o texto costura uma série de imagens fortes que desaguam num posicionamento moral sobre as questões sociais. *Ilha da Flores* é um pouco disso tudo de maneira original." Tuio Becker

CALDOS

O cinema brasileiro na cozinha

RESSURREIÇÃO BRASIL

Inspiração
O próprio nome já diz.
Este caldo levanta
qualquer defunto.
Metaforicamente, é claro.

"Na religião católica, receber a comunhão é alimentar-se simbolicamente com o corpo e o sangue de Cristo (...)."
Diane Ackerman

CALDO DE PEIXE

Ingredientes
2 kg de peixe fresco (couro ou escama, com cabeça)
1 cx. de creme de arroz vitaminado (200 g)
1 cebola (média)
6 dentes de alho
4 tomates maduros
2 pimentões pequenos
1 colher de chá de pimenta-do-reino e cominho
2 limões
ervas/colorau
sal a gosto
1 xícara de óleo sem colesterol
cheiro-verde

Preparo
Retirar as escamas (se for o caso), cortar em postas e temperar com sal, alho, pimenta-do-reino, colorau e páprica. Deixar descansar por 2 horas e refogar em meia xícara de óleo, acrescentando 3 litros de água. Quando estiver cozido, desligar, escorrer e reservar o caldo. Retirar todas as espinhas e desfiar. Em meia xícara de óleo, refogar uma cebola, 2 pimentões e 4 tomates com 1 colher de sopa de tempero completo. Acrescentar o peixe desfiado, o caldo em que o peixe foi cozido e 200 gramas de creme de arroz vitaminado dissolvido em água filtrada, mexendo regularmente. Deixar ferver, desligar e acrescentar as ervas de sua preferência ou o cheiro-verde picado. Servir quente com fatias de pão.

Rendimento: 15 pessoas.

O cinema brasileiro na cozinha

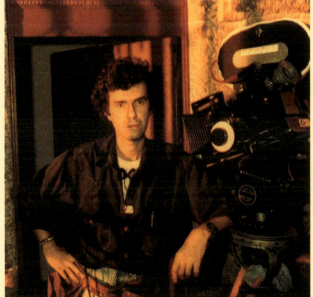

Sinopse
Um drama poético centrado nos momentos sombrios de nossa história atual. É quase um grito de esperança de um jovem que se afirma em sua arte. O diretor faz da encenação da pietá uma espécie de alegoria de sua geração. Recupera um pouco da história recente brasileira num contexto bastante inspirado e coerente.

Elenco
Ester Góes e Robson Phoenix.

Ficha técnica
D/R: Marcelo Taranto; F: Flávio Ferreira; C: Jacques Cheuiche; M: Manoel Oliveira; MU: Maurício Laetani; S: Marc Van Der Willeger; P: o diretor, Flávio Chaves, Mega Filmes e Skylight. Cor, 35mm, 7', 1993, RJ.

Premiação
Melhor Curta-Metragem — Prêmio Margarida de Prata/CNBB, 1994.

Marcelo Taranto (Rio de Janeiro-RJ, 1956). Graduado em Comunicação Social pela PUC/Rio, onde se especializa em cinema, televisão, jornalismo e publicidade. De sua formação profissional, entre cursos, seminários e *workshops*, constam: seminário de cinema *Le Cinéma — Rêve, Realité, Fantasme*, ministrado pelo semiólogo Christian Metz, 1975; curso de cinema *Film School*, ministrado pelo diretor e roteirista Roy D. Carlson, 1976/1979; seminário Cinema e Mercado, promovido pela PUC e pela Embrafilme com os conferencistas Francisco Ramalho Jr., José Carlos Avellar e Pedro Rovai, 1978; curso Dirigindo Atores, ministrado por Richard Looft (assistente de direção de Ingmar Bergman), em 1987; seminário internacional Produção Independente USA, realizado pelos produtores americanos Ted Hope, Jim Stark e James Schamus, 1993 — os dois últimos promovidos pelo Cineclube Estação Botafogo. Foi repórter cinematográfico da Rede Globo de 1977 a 1984. Produtor e repórter cinematográfico da BBC Television de 1984 a 1987. Foi correspondente das redes de televisão estrangeiras BBC TV News, Visnews, CBS News, ABC Australian, Veronica e Ikon (ambas holandesas). Inicia-se no cinema como assistente de direção de *O homem sócio da natureza*, de Aécio de Andrade, em 1976. *Cameraman* de *Marina*, de Luiz Carlos Batista, em 1979. Primeiro assistente de câmera (filmagens submarinas) de *Ele, o Boto*, de Walter Lima Jr. Entre os documentários jornalísticos para TV estão: *Teologia da Libertação* (TV Católica da Holanda), 1984; *O carrasco nazista Mengele* (PBS Rede Estatal EUA), 1985; documentários sobre Orson Welles e a RKO (BBC 2), 1987. Diretor de 3 documentários institucionais, 16 comerciais de TV, 13 vídeos, 8 documentários jornalísticos, 3 curtas-metragens, sendo *Ressurreição Brasil*, 1994, premiado com a Margarida de Prata/CNBB, e um longa-metragem, *A hora marcada*, 1999.

CANJA

Inspiração
Pelo conteúdo do filme, dramático, desumano (ferida aberta que fere a sensibilidade humana e desnuda este tipo de instituição), não geraria uma receita. Mas o título sugestivo inspirou esta canja.

O cinema brasileiro na cozinha

EM NOME DA RAZÃO

Sete virtudes / Tem a sopa:
Tira a fome, / Dá sede pouca,
Faz dormir / E digerir
Nunca enfada, / Sempre agrada
E põe a cara corada

Castilho de Lucas

CANJA DE FRANGO

Ingredientes
2 peitos de frango
1 pacote de sopa de cebola
3 tabletes de caldo de galinha
6 dentes de alho
1 cebola
1 pimentão
2 tomates
1 limão
3 cenouras
3 batatas (médias)
1 chuchu (grande)
1 colher (sobremesa) de sal, pimenta-do-reino, cominho e colorau
ervas
cheiro-verde
1 xícara de óleo sem colesterol

Preparo
Tirar a pele, cortar e lavar os peitos de frango. Temperar com sal, alho, pimenta-do-reino, pimenta, colorau e suco de um limão. Deixar marinar por 4 horas. Refogar em meia xícara de óleo e acrescentar 3 litros de água. Esperar cozinhar, retirar do caldo, desfiar e reservar. Refogar em meia xícara de óleo uma cebola, um pimentão, dois tomates, as cenouras, as batatas, o chuchu (ralados), 3 tabletes de caldo de galinha e o pacote de sopa de cebola. Acrescentar os peitos de frango desfiados e o caldo em que foram cozidos. Esperar ferver, desligar o fogo e polvilhar alecrim e manjerona (desidratados). Servir quente com fatias de pão.

Rendimento: 6 pessoas.

46

O cinema brasileiro na cozinha

Sinopse
Cenas captadas no interior do Manicômio de Barbacena, Minas Gerais. O filme propõe uma reflexão sobre a função social do manicômio: para que e a quem servem os hospitais psiquiátricos; quem são as pessoas enviadas para lá e qual o processo de cura e recuperação a que são submetidas.

Ficha técnica
D: Helvécio Ratton; F: Dileny Campos; M: José Tavares de Barros; S: Evandro Lemos; P: Tarcísio Vidigal e Grupo Novo de Cinema e Televisão — MG. P&B, 16/35mm, 25', 1978, MG.

Premiação
Primeiro Lugar no Concurso Mineiro de Filmes de Curta-metragem, MG, 1980; Melhor Documentário — Jornada Brasileira de Curta-metragem da Bahia, Margarida de Prata/CNBB, 1980; Prêmio Especial — Festival de Cinema de Lile, França, 1981.

Obs.: Pelo conteúdo do filme, não geraria um prato, mas o título inspirou esta canja que servirá para repor as energias após algumas doses de O Círculo de Fogo, O Ébrio e outros drinques.

Helvécio Ratton (Divinópolis-MG, 1949). Participante do movimento cineclubista em Belo Horizonte. Atuou em um filme de 16mm no pré-universitário. Cursou economia e psicologia. Morou exilado no Chile de 1970 a 1974, durante o governo popular de Salvador Allende. Trabalhou com o produtor Luiz Carlos Pires, retratando em curtas-metragens a realidade do país, época em que desperta sua paixão pelo cinema. "Foi um período muito rico, havia gente do mundo inteiro filmando lá, inclusive muitos brasileiros (...)." Retornando a Belo Horizonte, junta-se ao diretor e produtor Tarcísio Vidigal e ao Grupo Novo de Cinema e TV. Co-produtor de Idolatrada, de Paulo Augusto Gomes, Um filme 100% brasileiro, de José Sette de Barros, e Noites do sertão, de Carlos Alberto Prates Correia, todos de Minas. Diretor de comerciais, vídeos e onze filmes de curtas e longas-metragens. Seus filmes infantis possuem, além da poesia, inteligência, como A dança dos bonecos, que, segundo Sérgio Bazi, "é o melhor filme infantil do cinema brasileiro(...)"; O Menino Maluquinho (baseado na obra de Ziraldo) é outra produção que encanta dos 8 aos 80 anos. É um diretor que prima pela técnica e pela elaboração, tanto no documentário quanto na ficção.

SUFLÊ

Inspiração
Este suflê é para ser comido com todos os sentidos que o nome desperta. A aparência dourada e o sabor, neste caso, levam a degustar na imaginação ilusionista todas as garotas, douradas ou não!...

O cinema brasileiro na cozinha

GAROTA DOURADA

"As necessidades da vida moderna e os instintos do espírito moderno não exigem harmonia, mas expansão ampla e livre em todas as direções."

Stuart Mill

"A mais antiga volúpia deve ter sido o mel de abelha, a mais velha sensação inesquecível da doçura saborosa".

Luís da Câmara Cascudo

SUFLÊ DE ABÓBORA

Ingredientes
1 abóbora moranga (média)
500 g de flocos de milho pré-cozido
½ l de leite
1 copo de requeijão cremoso
1 copo de leite de coco
1 copo de mel
2 colheres de margarina
1 cebola pequena
ervas finas em flocos
6 dentes de alho
1 colher de açúcar

Preparo
Descascar a abóbora, tirar as sementes, cortar em pedaços e cozinhar em água com sal e açúcar. Escorrer e passar no espremedor. Dissolver os flocos de milho no leite. Em uma panela pré-aquecida, colocar a margarina, a cebola e o alho bem picados e acrescentar a massa (flocos de milho), o requeijão cremoso, o leite de coco e o mel. Mexer até levantar a fervura. Untar um pirex com a margarina, despejar a massa, alisar a superfície, polvilhar com os flocos das ervas e levar ao forno quente por 40 minutos.

Rendimento: 20 pessoas.

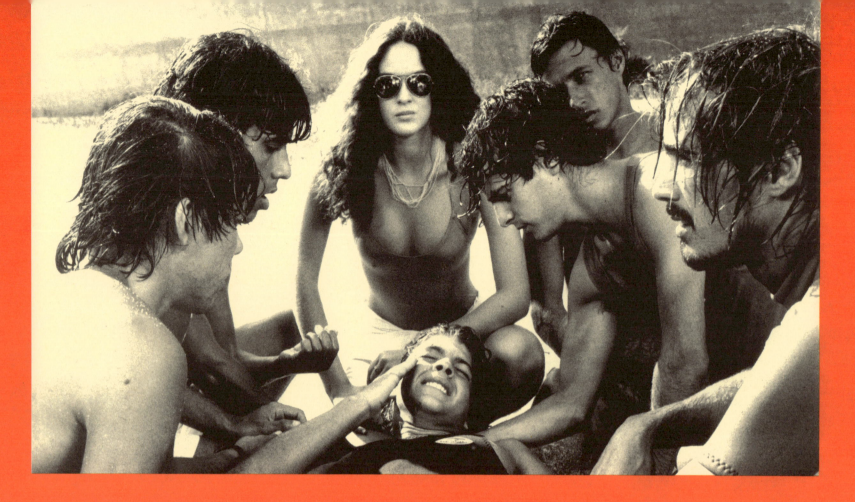

Sinopse
É uma continuação das aventuras dos personagens do filme *Menino do Rio*. Agora eles estão em um paraíso ecológico no Sul do Brasil, onde praticam esportes radicais e vivem em liberdade total para amar e se divertir.

Elenco
André de Biasi, Bianca Byington, Roberto Bataglin, Sérgio Mallandro e Marina Lima.

Ficha técnica:
D/R: Antonio Calmon; P: Lucy e Luiz Carlos Barreto. Cor, 35mm, 105', 1985, RJ.

Antônio Calmon (Manaus-AM, 1945). Nascido Antônio Augusto Du'Pin Calmon, muda-se para o Rio de Janeiro no início da década de 1960. Com Gustavo Dahal, faz curso no MAM. Em 1965, dirige o curta *Infância*, em 16mm. Integra-se ao movimento do Cinema Novo e passa a trabalhar na área técnica com diretores que deflagraram a nova estética do cinema. É assistente de continuidade e montagem em *A grande cidade*, de Cacá Diegues; assistente de direção em *Terra em transe* e em *O dragão da maldade contra o santo guerreiro*, ambos de Glauber Rocha; em *Cara a cara*, de Júlio Bressane, e em *O bravo guerreiro*, de Gustavo Dahl. Diretor de produção de *Tostão, a Fera de Ouro*, de Ricardo Gomes Leite e Paulo Laender, *Pindorama*, de Arnaldo Jabor, e roteirista de *A carne*, *Um corpo em delírio*, de J. Marreco, *Gordos e magros*, de Mário de Carneiro. Foi produtor executivo de *Inocência*, de Walter Lima Jr. Seu longa *Paranóia*, corroborando o título, traz traços *underground*. Direciona sua câmera para a comédia de costumes: *Revólver de brinquedo*, *Gente fina é outra coisa*, *O bom marido* e *Nos embalos de Ipanema*. Estes três últimos filmes em associação com o produtor Carlos Rovai.
Com Jece Valadão (produtor), filma *Os policiais*, *Eu matei Lúcio Flávio* e *O torturador*. De José Carlos Oliveira adapta e dirige o romance homônimo *Terror e êxtase*. Em 1980, dirige *Mulher sensual ou novela das oito*, e com Luiz Carlos Barreto (produtor), dirige dois filmes sobre e para a juventude: *Menino do Rio* e *Garota dourada*.

PURÊ

Inspiração
A composição dos ingredientes está implícita no contexto do filme. Basta usar a imaginação para saciar a fome dos desejos e dos símbolos que a receita representa.

DONA FLOR E SEUS DOIS MARIDOS

"A coesão étnica de uma raça revela-se principalmente por três coisas: literatura, história e comezainas; romances e poemas dando o caráter lírico e afetivo, história dando o caráter heróico, finalmente os pratos nacionais dando o caráter físico — este último, como se sabe, impulsando os outros dois (...)."
Fialho de Almeida (1857 - 1911)

TRIO DE PURÊS

Ingredientes
500 g de maçã
250 g de mandioca
250 g de cenoura
250 g de batata-inglesa
100 g de manteiga
1 cebola (ralada)
3 dentes de alho (triturados)
2 cubos de caldo de frango
2 tomates (maduros)
1 ramo de hortelã
½ l de leite
ervas/sal

Obs.: A cenoura e a batata poderão ser substituídas por mandioca, abóbora moranga ou batata-baroa.

Preparo
Lavar e descascar as maçãs (e deixar submersas em água e gotas de limão), as batatas e a mandioca. Cozinhá-las separadamente. Escorrer e esperar esfriar. Reservar a água. Bater no liqüidificador as maçãs e as batatas separadamente com o caldo em que foram cozidas e ½ litro de leite. Passar a mandioca no espremedor. Em 2 panelas abertas, colocar a manteiga, fritar as cebolas e o alho, derreter os tabletes com caldo de galinha ou carne, acrescentar as ervas e adicionar os purês separadamente, mexendo sempre, até a fervura. Colocar em recipiente aberto, um ao lado do outro, o purê de maçã, o purê de cenoura e o purê de batata. Decorar o purê de maçã com 1 flor (feita de tomate e ramo de hortelã) e os outros dois cada um com 2 corações, também de tomate.

Rendimento: 10 pessoas.

O cinema brasileiro na cozinha

Sinopse

Vadinho, o primeiro marido de Dona Flor, vagabundo, jogador e gigolô, morre fantasiado de baiana quando sambava em um bloco de carnaval nas ruas da Bahia. Apesar do seu caráter, era querido pelos amigos, que em seu velório o elogiavam — "um porreta, sujeito formidável". No sofrimento da viuvez, Dona Flor lembra sua vida com o marido, que na noite de núpcias foi trocada pela roleta e pelo "Castelo", em companhia de sua turma. Um homem sem horários, sem medidas, sem disciplina. Desaparece por quatro dias. Quando está em casa, é capaz de bolinar as alunas de culinária de Dona Flor. Mas também é um homem maravilhoso, um mestre da vadiação na cama. A seu jeito e a seu modo, amou profundamente Dona Flor. Esta, procurando esquecê-lo, novamente se casa. O segundo marido é o oposto. Teodoro Madureira, farmacêutico de respeito e amante da música erudita, é considerado o homem perfeito pelas vizinhas. Mas com ele até o sexo é metódico — às quartas e aos sábados (com direito a bis). Gentil e fiel, mas sem o tempero do primeiro. Após um ano de casada, ao voltar de uma exaustiva festa, Flor encontra Vadinho deitado nu na sua cama. O seu fantasma não a assusta, a ele se entrega, passando a viver com dois maridos. Só que ele voltou para vadiar e começa a campanha para seduzi-la. Baseado no romance homônimo de Jorge Amado.

Ficha técnica

D: Bruno Barreto; R: o diretor, Leopoldo Serran e Eduardo Coutinho; F: Murilo Salles; C: Anísio Medeiros; M: Raimundo Higino; MU: Chico Buarque e Francis Hime; S: Vítor Rapaseiro, Antônio Cézar e Roberto Melo; S/D: Walter Goulart; P: Lucy e Luiz Carlos Barreto, Newton Rique, Cia Serrador, Nelson Porto e Paulo Cezar Sesso. Cor, 35/16mm, 118', 1976, RJ.

Elenco

Sônia Braga, José Wilker, Mauro Mendonça, Dinorah Brillanti, Nelson Xavier, Nelson Dantas, Rui Resende, Arthur Costa Filho, Mário Gusmão, Haydil Linhares, Nilda Spencer, Silvia Cadaval, Mara Rúbia, Cláudio Mamberti, Manfredo Colassanti, Bety Lago, Martha Anderson, José Ribeiro.

Premiação

Prêmio Adicional de Qualidade — INC, 1976; Melhor Ator (Mauro Mendonça) — Prêmio Air France de Cinema, 1976; Melhor Autor de Partitura Musical (Francis Hime) — Troféu Coruja de Ouro/INC, 1976; Prêmio Especial do Júri — Festival Internacional de Taormina, Itália, 1977; Melhor Diretor, Melhor Trilha Sonora (Francis Hime) e Prêmio Especial a Anísio Medeiros — Festival de Cinema Brasileiro de Gramado-RS, 1977.

Bruno Barreto (Rio de Janeiro-RJ, 1955). Acompanha seu pai, o produtor e fotógrafo Luiz Carlos Barreto, em filmagens desde garoto. Suas primeiras experiências foram em 16mm. Roteirista, produtor e cineasta. Dirige seu primeiro longa-metragem aos 17 anos. É um diretor vocacionado para adaptações literárias: *Tati, a garota* (Aníbal Machado), *A estrela sobe* (Marques Rebelo), *Dona Flor e seus dois maridos* (a maior bilheteria do cinema brasileiro), *Gabriela, cravo e canela* (primeiro filme brasileiro com equipe internacional: o ator Marcelo Mastroiani e o fotógrafo Carlo Di Palma), os dois últimos baseados em obras homônimas de Jorge Amado, *O Beijo no asfalto* (Nelson Rodrigues), *O que é isso companheiro?* (Fernando Gabeira) — filme que representou o Brasil em 1998 concorrendo ao Oscar. Radicado nos Estados Unidos, dirige *Assassinato sob duas bandeiras* (Anne Nelson), *Atos de amor* (Jim Harrison), *Bossa Nova* (inspirado na novela *A Senhorita Simpson*, de Sérgio Sant'Anna). Dos 14 filmes longas-metragens que dirigiu, 10 são baseados em literatura.

"Barreto usa a habilidade de Dona Flor como cozinheira para ligar os prazeres culinários aos sexuais, da maneira talvez mais espirituosa desde *Tom Jones*. Sua luxúria pela vida parece tão forte quanto a de Vadinho, mas é humanamente refinada pela sua sensibilidade artística. Barreto consegue expressar a luxúria com classe, e isso é um dom divertido e civilizado." Gary Arnold – EUA

"Sônia Braga tem a exuberância de Sophia Loren, o talento de Jeanne Moreau e o brilho de Liv Ullmann. Bruno Barreto fez um filme sofisticado e de um prazer visual e sensual como o inesquecível *Tom Jones*." *Washington Post* – EUA

"Não me envolvi com o trabalho de Bruno Barreto; o cineasta realizou sua criação partindo da minha Dona Flor, com ampla e total liberdade. Somente assim entendo a adaptação de um livro, como uma recriação. Não tenho do que me queixar. O fundamental do conflito humano e social colocados em meu romance manteve-se inteiro no filme... Confiei na juventude do realizador e sinto-me contente. Não me enganei, a Dona Flor de Bruno Barreto transmite uma mensagem de confiança: a vitória do amor contra o preconceito, a vitória da vida contra a morte." Jorge Amado

TORTAS

Inspiração
Pense em todos os carnavais (curtidos ou não) e usufrua de todos os delírios possíveis e imaginários.

O cinema brasileiro na cozinha

A LIRA DO DELÍRIO

"Todas as grandes festas populares brasileiras têm raízes seculares em Portugal. O carnaval tomou no Brasil uma expansão violenta e envolvedora, mas as 'comidas de carnaval' são fiéis aos modelos vivos no outro lado do Atlântico. De lá nos veio a mão que acendeu a primeira fogueira de São João, obstinada e radiosa, para o uso nacional."

Luís da Câmara Cascudo

TORTA DE COGUMELOS E ASPARGOS

Ingredientes
1 lata de cogumelo
1 lata de aspargo
1 lata de ervilha
1 lata de milho verde
1 lata de creme de leite
1 copo de requeijão cremoso (com ervas finas)
1 copo de leite de coco
1 pacote de sopa de cebola
6 ovos
1 xícara de nozes (triturada)
2 xícaras de maisena
1 xícara de ameixa
1 colher de sopa de pó Royal
1 colher de sopa de ervas (a gosto)
1 colher de margarina
1 colher de mel
frutas: abacaxi, manga, maçã, morango, pêssego, kiwi (ou frutas frescas de sua preferência)

Preparo
Levar ao liqüidificador ou batedeira: o cogumelo, o aspargo, a ervilha, o milho verde, o creme de leite, o requeijão cremoso e as gemas de ovos. Despejar a mistura em recipiente aberto (bacia ou tacho) e acrescentar: a sopa de cebola, a maisena, o pó Royal, as ervas e o leite de coco. Misturar bem até formar uma pasta uniforme e consistente. Untar um recipiente de cerâmica (pirex) com a margarina, cobrir o fundo e as laterais deste com rodelas de abacaxi, pedaços de manga ou da fruta escolhida. Despejar metade da massa; outra camada de fruta e outra de massa. Bater as claras em neve e cobrir toda a extremidade do recipiente. Polvilhar as nozes trituradas e levar ao forno pré-aquecido por 30 minutos. Bater no liqüidificador a ameixa e o mel e separar. Antes de servir, decorar a torta (usar funil de confeito de bolo para desenhar com o caldo de ameixa e mel uma lira no centro da travessa).

Rendimento: 15 pessoas.

O cinema brasileiro na cozinha

Sinopse
Todos nós lembramos de algum carnaval que passou, e nossas memórias carnavalescas são motivadas, a maioria das vezes, pela lembrança de uma pessoa que nos amou e foi por nós amada ou pelo menos nos deu essa ilusão. Ness Elliot é uma dessas pessoas inesquecíveis que poderia estar presente na memória de cada homem solitário que só vem a ter chance de uma aventura amorosa durante o carnaval. Ela é disputada por todos os homens e brinca ora com um, ora com outro, deixando sempre uma promessa no ar. Fora do carnaval, é preciso pagar para desfrutar seu corpo. *Taxi-girl* de um *dancing* da Lapa, tem em Cláudio um de seus admiradores, com quem já havia brincado outros carnavais, homem possessivo e ciumento que não admite outros parceiros. Para submetê-la à sua vontade, tenta os mais torpes artifícios, como transformá-la em traficante e seqüestrar o seu bebê. A violência do carnaval de rua, expressão do inconsciente popular, liberada durante as festas, uma vez reprimida, permanece latente, voltando a se manifestar quando ultrapassa os mecanismos de censura do ser humano. Para não cair nas garras da polícia e recuperar seu bebê, além das próprias forças, Ness Elliot irá contar com a ajuda de antigos companheiros da Lira do Delírio, bloco de sujo também presente no seu dia-a-dia.

Ficha técnica
D/R: Walter Lima Júnior; F: Dib Lutfi; C: Régis Monteiro; M: Mair Tavares; MU: Paulo Moura; SD: Mário da Silva e José Antônio Ventura; P: Embrafilme, R. F. Farias e o diretor. Cor, 16/35mm, 105', 1978, RJ.

Elenco
Anecy Rocha, Cláudio Marzo, Paulo César Peréio, Antônio Pedro, Tonico Pereira, Othoniel Serra, Pedro Bira, Isabela Campos, João Loredo, Rosita Thomaz Lopes, Jamelão, Olinda Ribeiro, Lene Nunes, Álvaro Freire e outros.

Premiação
Melhor Diretor, Melhor Fotografia (Dib Lutfi), Melhor Montagem (Mair Tavares), Melhor Atriz (Anecy Rocha), Melhor Ator Coadjuvante (Paulo César Peréio) – XI Festival de Brasília do Cinema Brasileiro-1978.

Walter Lima Júnior (Niterói-RJ, 1938). Entra para o cinema por meio da atividade cineclubista. John Ford, John Sturges, Howard Hawks e Henry Hathaway eram seus ídolos dos *westerns*. Em Niterói, trabalhou no *Diário do Povo* como crítico de cinema. Para o *Correio da Manhã*, fez a cobertura do Festival de Cinema de Mar del Plata (1962). Na Cinemateca do MAM/RJ, trabalhou e fez curso de cinema. Com Adolfo Celi, em 1963, inicia-se na assistência de direção, função que continua já no Cinema Novo, trabalhando com Glauber Rocha em *Deus e o diabo na terra do sol*. De 1973 a 1978, dirige documentários para o *Globo Repórter*. Faz da literatura sua aliada. Com segurança, competência e brilho dirige verdadeiras obras-primas: de José Lins do Rego, *Menino de engenho*, *Inocência*, de Visconde de Taunay, adaptação da peça *O assalto*, de José Vicente, entre outros. No documentário, na ficção ou em séries para a TV, na linguagem ou na estética, sua marca é inconfundível — é considerado um poeta da imagem.

"Um filme, como qualquer obra de arte, exige risco absoluto. É preciso navegar para conhecer. De resto, foi o que fiz nos anos que se seguiram. Enquanto navegava, aprendia a comandar o barco e a determinar o rumo. Os bons e os maus ventos trouxeram-me ao porto do delírio, onde bebi o fel e o mel alternados ou misturados e senti o travo da ressaca." Walter Lima Jr.

"Anecy pertence a um tipo de ator não muito freqüente entre os intérpretes cinematográficos. É uma atriz sensitiva, mediúnica, que não representa, mas sente; que não atua, vive. A partir das suas aparições como a suave tia Maria, de *Menino de engenho*, e como a minuciosa e desprotegida Luzia, de *A grande cidade*, seus filmes de estréia, Anecy tornou-se uma atriz luminosa e rara. Em seus trabalhos seguintes, ela soube incorporar malícia, garra e personalidade em figuras como a estudante de *As amorosas*, a índia falsificada de *Brasil ano 2000*, a esposa classe média de *Em família*, a suicida de *Pecado mortal*, a sensualíssima e revolucionária Eneida de *O amuleto de Ogum* e, sobretudo, em *A Lira do Delírio*, em que consegue somar o sonho à realidade numa antológica Ness Elliot, *taxi-girl* da Lapa e dama independente. Sem ela não existiria *A Lira do Delírio*." Walter Lima Júnior

TORTAS

Inspiração
A imagem interpretativa da sulanca (retalhos de tecidos) sugeriu-me este prato, adaptado para a variedade dos ingredientes. O resultado é puro prazer para os olhos e para o paladar.

O cinema brasileiro na cozinha

MADE IN BRAZIL

"A desnacionalização da cozinha é o primeiro avanço indicativo da derrocada dos povos".

"Um povo que defende os seus pratos nacionais defende o território. A invasão armada começa pela cozinha."

Fialho de Almeida (1857-1911)

O cinema brasileiro na cozinha

SULANCA

Ingredientes
½ kg de batata-inglesa
½ kg de cenoura
½ kg de chuchu
½ kg de vagem
½ kg de tomate
½ kg de pimentão
6 maçãs
6 ovos
2 latas de atum
3 cebolas grandes
6 dentes de alho
1 colher (média) de pimenta-do-reino branca
1 colher (média) de sal marinho
1 colher (chá) de noz-moscada
1 colher (grande) de margarina
200 g de queijo ralado
200 g de azeitona
1 lata de ervilha
1 lata de milho
1 lata de palmito

Preparo
Lavar em água corrente todas as verduras e legumes. Descascar a cenoura, a batata e o chuchu; tirar o fio da vagem. Cortar tudo em cubos e aferventar em água com sal (não deixar cozinhar — consistência dura). Escorrer e deixar esfriar. Cortar também em cubos o tomate, o pimentão, o palmito, a azeitona e a maçã. Em uma vasilha grande e aberta, misturar todos os ingredientes. Acrescentar os ovos, o atum, a pimenta-do-reino e a noz-moscada. Misturar bem. Em uma panela grande pré-aquecida, dourar a cebola e o alho na margarina e refogar tudo. Untar pirex com margarina e despejar todo o conteúdo, polvilhar com o queijo ralado e levar ao forno pré-aquecido por meia hora.

Rendimento: 20 pessoas.

Sinopse
Com a indústria caseira de sulanca, as mulheres de Santa Cruz do Capibaribe (PE) transformaram a economia da região. Sulanca é o nome dado a sobras de pano de confecções.

Ficha técnica
D/R: Helena Solberg; F: Judy Irola; M: Jean Marie Drot; S: Cristiano Maciel; P: Carmem Garcia e Cine-Contact. Cor, 16mm, 30', 1988.

Helena Solberg (Rio de Janeiro-RJ, 1938). Trabalha em cinema desde 1965. Graduada em línguas neolatinas pela PUC/RIO em 1961. Colaboradora do *Jornal do Brasil*, *Metropolitano*, *Jeune Afrique*, 1959-1962. Presidente e co-fundadora da Companhia Internacional de Cinema (companhia produtora independente de filmes). Poliglota, fluente em inglês, espanhol e francês. Radicada nos Estados Unidos desde 1971, atua como expositora e conferencista em diversos países, Índia, Áustria, Cuba, entre outros, sempre enfocando temas relacionados a América Latina: *Mulheres: Do Trabalho Doméstico à Rebelião*, *Cinema e Política*, *Desafios da Mídia Feminista*, entre outros. Fez vários filmes no Brasil, na América Central e em Nova York, radiografando valores sociais, como a revolta de adolescentes e a revolução sandinista, entre outros. Filmou o Brasil após 18 anos de ditadura militar, o governo Pinochet (Chile), comunidades indígenas nas Américas do Sul e do Norte e a igreja progressista. Seu terceiro longa-metragem é *Minha vida de menina — O diário de Helena Morley*, baseado em livro escrito na virada do século XX, em Diamantina.

57

TORTAS

Inspiração
No título do filme estão a fauna e a flora representadas neste prato típico da região.

O cinema brasileiro na cozinha

NO PAIZ DAS AMAZONAS

"O Brasil é a nossa melhor colônia, desde que deixou de ser colônia nossa."
Alexandre Herculano

"O desaparecimento da cunhã não lhe retira o direito inegável de ter sido a primeira cozinheira histórica, revelação fecunda da terra virgem, mãe do primeiro brasileiro, bronzeado e trêfego, maraba que a civilização do 'progresso' mataria: guerrilheiro, bandeirante, garimpeiro, mosquete de Guararapes, na inesquecível servidão jubilosa quando o Brasil engatinhava, aprendendo a andar."
Luís da Câmara Cascudo

Sinopse
Às vésperas do movimento que sacudiu o marasmo da cultura brasileira, a Semana de Arte Moderna, este português pioneiro no cinema amazonense optou por embrenhar-se pela floresta amazônica, onde registrou o ciclo da borracha, as fábricas de seu financiador, o empresário J. G Araújo, os rios e os barcos.

Ficha técnica
D/R/M: Silvino Santos e Agesilau de Araújo; F/C: Silvino Santos; Intertítulos: Agesilau e Alfredo da Matta; P: J. G Araújo. P&B, 35mm, 72', 1922, AM.

Premiação
Medalha de Ouro na Exposição do Centenário da Independência, RJ, 1923.

Silvino Santos (Sernache do Bomjardim-Portugal, 1886-1970). Nascido Silvino Simões dos Santos e Silva, chegou ao Brasil (Belém) em 1899, com apenas 13 anos. Aprendeu a fotografar aos 15 anos com a câmera 13x18, dedicando-se à fotografia e à pintura, tendo como mestre o pintor e fotógrafo Leonel Rocha. Estabeleceu-se em Manaus em 1910, instalando seu ateliê. Foi pioneiro no cinema da Amazônia. Segundo Selda Vale da Costa, pesquisadora de sua obra: "Mais de cinqüenta anos dedicados à arte de documentar, por meio da fotografia e do cinema, toda a região amazônica, do Pará ao Peru, de Roraima a Rondônia". Freqüentou os estúdios da Pathé-Frères e o laboratório dos irmãos Lumière em Paris (1913), onde fez seu aprendizado cinematográfico, buscando películas resistentes ao calor tropical. Foi financiado pelo seringalista Júlio César Arana. De regresso a Manaus, iniciou a atividade de documentarista. Sua obra chega a cem filmes. Filmou no rio Putomayo (1913-1914), mostrando os seringais de Arana, no Peru. Em 1918, foi fundada a primeira companhia cinematográfica amazonense, a Amazônia Cine-Film, onde realizou para esta empresa o longa *Amazonas, o maior rio do mundo* (inacabado). Também dirigiu os curtas: *O Horto Florestal de Manaus* (1917), *Amazônia*

O cinema brasileiro na cozinha

NO PAIZ DAS AMAZONAS

Ingredientes
2 kg de pirarucu (salgado)
2 kg de mandioca
½ kg de castanha-do-pará
6 ovos
2 colheres de margarina
½ colher de sal
1 colher (chá) de pimenta-do-reino branca, páprica, noz-moscada e manjericão
1 xícara (chá) de azeite de oliva
2 cebolas (médias)
6 dentes de alho (espremidos)
6 pimentas-de-cheiro (lavadas e picadas)
cheiro-verde
1 copo de catupiri

Preparo
Deixar o pirarucu de molho na água com galhos de alecrim por 6 horas, trocando a água regularmente. Aferventá-lo por 10 minutos. Escorrer, deixar esfriar e desfiar. Temperar com a pimenta-do-reino, a páprica, a noz-moscada, o manjericão e a pimenta-de-cheiro. Refogar no azeite com cebola picada e alho espremido e reservar. Descascar, lavar e cozinhar a mandioca em água e sal. Escorrer, tirar os talos e passar no processador. Em uma bacia, colocar a massa da mandioca, os ovos, o copo de catupiri, os mesmos temperos do pirarucu e amassar bem, misturando os ingredientes. Untar pirex com a margarina e montar a torta, alternando uma camada da massa de mandioca e uma de pirarucu. Decorar a última camada com castanhas-do-pará.
Rendimento: 15 pessoas.

Jornal, número um (1918), *Uma família de Manaus* (1919), *Oriente peruano* (1920), *A inauguração da nova sede dos Correios* (1921). No Rio de Janeiro, em 1922, filmou *A exposição nacional*. Retorna a Portugal (1926-1929) e realiza 35 documentários. Regressando a Manaus, continua no curta-documentário até a década de 1960. Volta ao Rio de Janeiro para realizar *Terra encantada*, no qual focaliza aspectos da capital do país. Volta à Amazônia para filmar *No rastro do Eldorado*, em que documenta a expedição de Hamilton Rice pelos rios Negro e Branco. Retornou novamente a Portugal e realizou *Miss Portugal*, primeiro concurso de Miss Universo. Em 1934, seus documentários portugueses foram organizados no longa *Terra portuguesa — O Minho*. Os cineastas Domingos Demasi e Roberto Kahané realizam em 1970 o curta *Silvino Santos, o fim de um pioneiro*, enfocando sua vida e sua obra. Em 1997, outro amazonense, Aurélio Michiles, após longa pesquisa e dedicação (tendo Selda Vale e Cosme Alves Netto, ambos amazonenses, como consultores), traz para as novas gerações o filme resgate de um pioneiro que dedicou sua vida a registrar usos e costumes da região mais cobiçada do planeta — a Amazônia —, paixão do diretor retratado, com o sugestivo título de *O cineasta da selva*.

Agesilau de Araújo (Lisboa-Portugal, 1888-1976). Agesilau Joaquim Gonçalves de Araújo foi o incentivador, em Manaus, da carreira de Silvino Santos. No seu retorno a Portugal (1927-1929), realizou com este uma série de curtas-metragens. Por gostar de fotografias, foi indicado pelo próprio pai para a parceria com Silvino Santos, tendo a J. G Araújo como produtora. Na fase do cinema mudo, foi diretor, montador e autor dos intertítulos de documentários sobre os Estados do Amazonas e do Rio de Janeiro. Na fase sonora, filmou documentários registrando os costumes e as músicas regionais portuguesas. Em entrevista ao Jornal *A Imprensa*, em setembro de 1923, o próprio Agesilau relata a dificuldade para lançar *No paiz das Amazonas*:

"Não foi sem dificuldades que lancei no Rio o nosso film. Basta dizer que ao falar em um trabalho de aspectos naturaes, não houve um só proprietário de cinema que ao menos quizesse passar a fita para ver e ajuizar com segurança de seu valor. Film natural? Não valia a pena perder o tempo. O que poderia ser uma fita natural do Amazonas em 12 partes? Uma estopada, certamente, que davam por visto. Não queriam cacetear os *habitués* dos cinemas, acostumados aos lances impressionantes dos filmes alemães e americanos com as suas montagens de riqueza e explendores surpreendentes, com suas estrellas lindíssimas, com os consagrados heróes da cena muda a provocar os suspiros apaixonados das damas... Depois, film nacional, feito no Amazonas! Logo aonde, no Amazonas! E os empresários olhavam-me com certo desdém, enquanto examinavam com espanto e curiosidade a figura interessante de Silvino Santos, vestido de kaki, coberta a cabeça com chapéu de couro de onça..."

Convencido do valor do trabalho, não desanimou. Procurou o ministro da Agricultura Miguel Calmon, que demonstrou interesse em exibi-lo no Catete para o presidente Arthur Bernardes e ministros de Estado. Depois da exibição (duas vezes), sob aplausos, "todas as portas se abriram após os elogios ao filme, publicado, em todos os jornais do Rio". Foi feita uma sessão especial dedicada à imprensa, aos homens de letras, aos comerciantes, aos industriais, ao corpo diplomático e consular. No dia seguinte, recebiam de todas as empresas cinematográficas do Rio proposta para exibir o filme. *No paiz das Amazonas* ficou em cartaz durante cinco meses no Rio, havendo reprises em quase todos os cinemas. Em São Paulo, bateu recorde de freqüência nos cinemas Royal e Avenida, cuja capacidade de cada sala era de 2 mil pessoas por sessão. Dias houve em que foi necessário formar cordões de guarda para conter a avalanche humana.

"Venci as dificuldades iniciais com perseverança, pois estava convencido do valor do nosso trabalho." Agesilau de Araújo

"(...) Dividido em oito partes... e assim, o espectador vae presenciando os trabalhos da colheita da borracha, a apanha das castanhas, o corte e preparo do fumo, as caçadas, as pescarias, as dansas dos selvagens no extremos sertão... e tudo isso entremeiado com os mais impressionantes exemplares da fauna e da flora daquellas paragens" *Jornal do Commercio*, Rio de Janeiro, 1/4/1923

MASSAS

Inspiração
Com este título sonoro e enredo cativante, a imagem suscitada vai direto à Roma de Fellini em sua gulodice e devaneio imagético, transformando o imponderável em realidade sonhada e consentida.

LA SERVA PADRONA

"Todas as linguagens da arte foram desenvolvidas como tentativa de transformar o instantâneo em permanente. A arte supõe que a beleza não é uma exceção —, não existe apesar de —, mas é a base de uma ordem... A arte é uma resposta organizada ao que a natureza nos permite ver ocasionalmente... a face transcendental da arte é sempre uma forma de opção."

John Berger

MACARRONADA AO FORNO COM FRUTAS E COUVE-FLOR

Ingredientes
1 kg de macarrão (colorido)
½ kg de carne moída
100 ml de pomarola
50 g de palmito
50 g de salsicha e presunto
50 g de ervilha/milho verde
50 g de azeitona preta (sem caroço)
pimentões/cheiro-verde
cebola/ervas/alecrim
alcachofra/azeite
couve-flor
maçã
nêspera

Preparo
Lavar, temperar e refogar a carne com alho (espremido), cebola picada e erva. Quando estiver cozida, acrescentar a pomarola, a ervilha e o milho verde. Aferventar a couve-flor na água com sal e alecrim e escorrer. Aproveitar a mesma água para aferventar o macarrão (não deixar cozinhar). Lavá-lo em água fria. Usar vasilha refratária na preparação do prato. Untar com margarina, cobrir o fundo com rodelas de maçã. Fazer uma camada de macarrão, outra de maçã e assim sucessivamente, permeando cada camada com o molho de carne. Decorar a última camada com couve-flor, nêspera e morango.
Obs.: Use a fruta de sua preferência no lugar da maçã.

Rendimento: 6 pessoas.

Sinopse
Adaptação de ópera homônima do compositor italiano Giovanni Battista Pergolesi (1710-1736), narrando a história da criada Serpina, seu patrão Uberto e o empregado Vespone. Praticamente educada pelo patrão, pois vive em sua casa desde criança, torna-se uma bela jovem. Vendo seu senhor disposto a se casar, decide que será sua mulher. Embora ele ache a idéia absurda, ela não tem dúvidas — só ela pode casar-se com o patrão. Traça um engenhoso plano, tendo como cúmplice o mudo e esperto empregado Vespone, para fisgar Uberto. A ópera de Pergolesi é alegre, irreverente, extremamente moderna, e embora seja uma peça musical, transformou-se em puro cinema, em que a câmera dança e canta com os personagens. Resgata o aspecto popular que a ópera-bufa marcou.

Ficha técnica
Ad/D/DA: Carla Camurati; FC: Breno Silveira; C: Renato Theobaldo e Renata Bueno; FI: Wanda Sgarbi; MU: Giovanni Battista Pergolesi; A/C/M: maestro Sílvio Viegas; Regência: maestro Sérgio Magnani — Int. Orquestra de Câmera Sesi Minas; M: Sérgio Meckler, Renata Baldi; PE: Bianca de Felippes, Tatyana Rubim e a diretora; P: Elimar Produções, Sesiminas, Telemig e Volkswagen. Cor, 35mm, 65', 1998, RJ/BH.

Elenco
Sylvia Klein, José Carlos Leal, Thales Pan Chacon.

Premiação
Prêmio HBO de Cinema, 1997.

Carla Camurati (Rio de Janeiro, 1960). Carla de Andrade Camurati é atriz de cinema, teatro e televisão. No cinema: *O olho mágico do amor*, 1981; *A estrela nua*, 1984 (ambos de José Antônio Garcia e Ícaro Martins); *Cidade oculta*, 1986, de Chico Botelho; *Eternamente Pagu*, 1987, de Norma Bengell; *O corpo*, 1989, de José Antônio Garcia; *Lamarca*, 1994, de Sérgio Rezende, entre outros. No teatro: *Drácula*, 1986 e *Cartas portuguesas*, 1992. Bonita e talentosa, decidiu que ser protagonista era muito pouco e partiu para a direção. Em 1987, surge no cenário cinematográfico com o curta *A mulher fatal encontra o homem ideal* (no qual atua e dirige), sendo premiada no Festival de Brasília do Cinema Brasileiro, no FestRio e no Rio-Cine Festival. Seu curta *Bastidores*, que enfoca a peça *O mistério de Irma Vap*, é vencedor do Prêmio Sharp de Música. Seu primeiro longa, *Carlota Joaquina, princesa do Brasil*, feito com poucos recursos, provou que vontade e talento são marcas próprias que serviram para estreitar o caminho entre o cinema brasileiro e seu público. É o filme da retomada pós-dilúvio era Collor. Além de original, gerou polêmica. Utilizou três línguas diferentes. "Todo mundo disse que eu estava louca. Quando você fala de povo, você tem que estar na língua das pessoas desse povo (...) a língua imprime o país." Ao propor um escocês narrando um episódio da história brasileira para uma criança, ela reafirma: "O Brasil não sabe se ver, é subserviente desde o princípio, porque os nossos índios foram destratados da maneira mais cruel porque não queriam entregar o pau-brasil, o ouro, porque se recusavam a trabalhar como escravos (...)" Ao estrear a ópera *La Serva padrona* sob sua direção, sua veia cinematográfica falou mais alto: "Isso dá um filme". Atrevida e corajosa, aguçou os ouvidos e debruçou-se com garra sobre a história e o trabalho do músico italiano e realizou esta ópera popular encantadora, contribuindo para a desmistificação do preconceito em relação a esta arte associada à elite cultural. Crítica e lúcida, explica que "globalizar não é só pasteurizar, é ampliar conhecimentos. Não é reduzir".

O cinema brasileiro na cozinha

"Fazer o Vespone me devolveu a alegria de me reencontrar com aquilo que eu estudei para ser: um bailarino. Artistas quietos que se fazem ouvir pelo som de seus gestos. Portanto, entrarei mudo e sairei calado para ouvir com vocês as vozes da Sylvia e do José Carlos Leal, que nos silenciarão a todos de encantamento." Thales Pan Chacon

"Uma trama inteligente e ingênua, uma música linda e deliciosa de se ouvir, uma personagem safadinha. Uma ópera maravilhosa que, nas mãos da diretora mais bela, graciosa e espirituosa que conheço, ganhou brilho, criatividade e transformou-se numa obra de arte (...)" Sylvia Klein

"(...) A união do canto com o teatro fizeram-me sentir que este é um dos papéis mais difíceis da minha carreira". José Carlos Leal

"Saber qual vai ser a recepção do público para um filme que é uma ópera, mesmo cômica, é impossível. Carla não tem ilusões: 'É como comida japonesa, sabe? Todo mundo tem preconceito mas depois que come adora!' (...)" Sandra Seabra

O cinema brasileiro na cozinha

TUTTI, TUTTI BUONA GENTE

MASSAS

Inspiração
Pelo título e pelo conteúdo fílmico, só poderia gerar esta macarronada (feijão com arroz) de toda *mama mia*.

"A cozinha de Itália, nos seus pratos mais populares e tradicionais, o básico macarrão e parentes na espécie, integrou-se na alimentação normal brasileira, caminhando sempre para uma maior expansão no gosto coletivo. Prisioneiro em Santa Helena, dizia Napoleão em 1918 ao dr. Antommarchi seus pratos favoritos. Eram todos italianos, de Gênova, Milão, Córsega. Não mencionou uma única iguaria de sua pátria, oficial e querida. O corso de Ajáccio vencia o imperador dos franceses!"

Luís da Câmara Cascudo

Sinopse
A colonização italiana no Espírito Santo, abordada do ponto de vista dos habitantes da cidade de Santa Teresa, o mais forte e representativo núcleo de imigração do estado. Reconstituição da chegada dos primeiros imigrantes, atraídos por promessas de um Eldorado inexistente. Os traumas do desengano, a luta pela sobrevivência numa região desconhecida em seus hábitos, clima e língua.

Ficha técnica
D/R: Orlando Bonfim Netto; F: Douglas Linch; M: Manfredo Caldas e Leon Cassidy; SD: Jorge Rueda e Walter Goulart; P: Circus e o diretor. Cor, 16/35mm, 28', 1975, ES.

Premiação
Representou o Brasil nos festivais de San Sebastian, Espanha, 1976 e de Manhein, Alemanha, 1976; Participou como convidado em Tashkent, União Soviética, 1976; Coruja de Ouro e Troféu Humberto Mauro — Embrafilme — Melhor Filme na V Jornada de Curta-Metragem da Bahia, 1976.

Orlando Bonfim Netto (Belo Horizonte-MG 1941). Estréia no cinema em S-8 e posteriormente em 16mm. Como documentarista, aborda os mais variados temas: imigração, ecologia, artesanato, etc. Fotógrafo, produtor, roteirista e diretor de cinema e vídeo. Na televisão, apresentador dos programas *Rataplan* (infantil), *Fanzine* (juventude), *Mulher—Mulher* (feminino), *Esporte Total* (esportivo), *Frente a Frente* (debate), *Espaço Dois — Cultura* (jornalismo), *Encontro Marcado* (entrevista), *Fala Capixaba* (entrevista, jornalismo e debate), *Entrelinhas* e *O Velho Ferreiro* (documentários). Em 1969, já participava do Festival JB. Também neste ano dá início às atividades profissionais na área de cinema, trabalhando para a R. F. Farias em cerca de 11 longas-metragens. Em 1972, funda a Circus Produções Cinematográficas.

Documentário sobre o homem imigrado e suas relações com o processo de aculturação, revelado nas estórias que passam oralmente de geração a geração, nas fotografias recolhidas entre os antigos habitantes da cidade e outras cedidas pelo historiador Celso Bonfim e Serafim Derenzi, autor de um livro sobre o assunto, e depoimentos de personalidades e do cientista Augusto Rusch.

O cinema brasileiro na cozinha

PASTA TRI COLORE

Ingredientes
500 g de talharim
500 g de espaguete
500 g de macarrão parafuso (colorido)
1 kg de carne moída
1 lata de creme de leite
200 g de queijo de coalho
500 g de purê de tomate
1 cebola (ralada)
6 dentes de alho
sal a gosto
pimenta-do-reino branca
páprica
1 maço de cheiro-verde
(cebolinha, coentro, salsinha e manjericão)
1 limão
1 xícara de azeite extravirgem
óleo sem colesterol

Preparo
Lavar, escorrer e temperar a carne com limão, alho amassado com sal, pimenta-do-reino e páprica. Deixar descansar por 10 minutos. Em uma panela, colocar o óleo, fritar a cebola ralada, refogar e cozinhar a carne moída. Quando estiver no ponto, adicionar o purê de tomate. Em 3 panelas (separadas), colocar 2 litros de água em cada uma. Quando estiver fervendo, adicionar 1 colher de óleo (sem colesterol), meia colher de sal e o macarrão. Observar o ponto de cada um (consistência semidura), escorrer e lavá-los separadamente. Bater no liqüidificador o cheiro-verde com azeite extravirgem, 2 colherinhas de sal e 2 de pimenta-do-reino branca. Despejar em panela pré-aquecida e acrescentar um dos macarrões. Mexer com um garfo de madeira para a cor ficar uniforme. Em uma panela pré-aquecida, colocar 1 colher de azeite, 1 colher de cremalho e despejar uma lata de creme de leite. Quando levantar fervura, acrescentar um dos macarrões — mexer até ficar uniforme. Esquentar o molho de carne e o purê de tomate e acrescentar um dos macarrões — mexer até ficar uniforme.
Montagem: Em uma travessa, dispor um tipo de macarrão de cada vez lado a lado até a borda. Um macarrão vermelho (molho de carne), um macarrão branco (creme de leite) e um macarrão verde (molho de cheiro-verde). Ao final, são mostradas as cores da Itália.

Rendimento: 8 pessoas.

AVES

Inspiração
Pelo contexto do filme e paixão pelo trabalho do diretor busquei no inconsciente popular a imagem do peru que a cultura gastronômica brasileira já incorporou aos hábitos natalinos, e aí compensei meu recalque com esta dupla homenagem: ao filme e ao autor.

O cinema brasileiro na cozinha

CABRA MARCADO PARA MORRER

"Uma surpresa de estrangeiro no Brasil é a fruta acompanhar os assados, os guisados, os estufados. É um sabor novo que o europeu não degustou nos seus menus tantas vezes centenários."

Luís da Câmara Cascudo

"(...) O assado é nutritivo e tônico por excelência; seu sabor é apetitoso, e esta última qualidade torna-o preferível a qualquer outra forma de preparo para a maioria dos estômagos."

"As quatro maneiras de cozinhar."
Dictionnaire Pittoresque d' Histoire Naturelle, Paris

"O assado é o Arco de Tito ou o Palazzo Farnese da arte culinária."

Santo Tirso

Sinopse
A retomada de um filme interrompido em abril de 1964. Inicialmente, uma narrativa semidocumental da vida de João Pedro Teixeira, líder camponês assassinado em 1962. Recomeçado 17 anos depois, o novo filme registra os depoimentos dos camponeses que trabalharam em 1967 como atores. Esses depoimentos contam a história das Ligas Camponesas de Galiléia e Sapé e relembram a vida de João Pedro Teixeira por meio das palavras da viúva Elizabeth Teixeira, também intérprete do filme interrompido em 1964. Elizabeth conta sua sofrida trajetória nesses 20 anos, assim como seus filhos, separados da mãe desde setembro de 1964. *Cabra marcado para morrer* é o resumo de duas épocas. Com muita emoção, vemos na tela os problemas dos sem-terra, dos perseguidos políticos, de uma família vítima da intolerância dos poderosos.

Ficha técnica
R/D: Eduardo Coutinho; F: Fernando Duarte (primeira fase: 1964) — Edgar Moura (segunda fase: 1981); M: Eduardo Escorel; MU: Rogério Rossini; PR: Zelito Viana, Vladimir Carvalho; P: Mapa Filmes e o diretor. Cor, 16/35mm, 119', 1984, RJ.

Elenco
Elizabeth Teixeira e família, João Virgínio da Silva e os habitantes do Engenho Galiléia (Pernambuco).

Premiação
Melhor Filme – Tucano de Ouro – Fest-Rio, 1985;
Prêmio da Crítica; Prêmio Ocic e Prêmio D. Quixote; Prêmio Coral – Melhor Documentário – Festival do Novo Cinema Latino-Americano — Havana, Cuba, 1985;
exibido no Festival de Berlim fora de competição, mesmo assim ganhou três prêmios;
Premiado no Festival du Réal em Paris, Tróia, Portugal; Salso, na Itália – ganhou doze prêmios internacionais.

O cinema brasileiro na cozinha

PERU COM CHARUTOS

Ingredientes
1 peru (5 kg)
6 bananas-da-terra
100 ml de suco de tamarindo
100 g de bacon
100 g de presunto (fatiado)
100 g de queijo (fatiado)
100 g de milho
100 g de passas
100 g de farinha de rosca
100 g de margarina
½ kg de flocos de milho
2 repolhos (1 roxo e 1 verde)
1 cebola roxa (pequena)
6 dentes de alho
ervas
2 colheres de vinagre
3 colheres de sal
3 ovos
1 xícara de óleo sem colesterol

Preparo
Lavar, perfurar e escoar o peru. Preparar o suco de tamarindo com ervas, três dentes de alho e uma colher de sal e injetar o conteúdo em todas as extremidades do peru. Deixar descansar por 2 horas. Fritar o bacon e três dentes de alho, acrescentar as passas, o milho em caroços, os flocos de farinha de milho, uma colher (chá) de sal e fazer a farofa. Rechear o peru, costurá-lo e bezuntá-lo com o mel (usar pincel). Colocar em forma refratária ou tabuleiro e cobrir com papel alumínio. Levar ao forno bem quente por 3 horas. Retirar o papel alumínio e deixar dourar por mais meia hora. Pôr numa travessa e decorar (a gosto). Em duas panelas colocar 2 litros de água em cada uma. Juntar uma colher de vinagre e uma de sal. Ferver o repolho branco inteiro por 10 minutos e o roxo por 20. Escorrê-los. Esperar esfriar e destacar as folhas externas. Bater os ovos em neve (clara e gema). Descascar as bananas, cortá-las em fatias verticais e fritá-las à milanesa. Em cada folha do repolho colocar uma fatia de presunto, uma fatia de queijo e uma fatia de banana e enrolar formando um charuto. Numa travessa grande, dispor o peru assado no centro e decorar ao redor com charutos verdes e roxos alternadamente. Levar ao forno por mais 10 minutos antes de servir.

Rendimento: 20 pessoas.

O cinema brasileiro na cozinha

Eduardo Coutinho (São Paulo-SP, 1933). Eduardo de Oliveira Coutinho cursou o Seminário de Cinema em 1954, no MAM, em São Paulo. De 1954 a1957 foi revisor e copidesque da revista *Visão*. Respondendo sobre Chaplin num programa de TV, ganhou prêmio em dinheiro e viajou para a França, onde cursou o IDHEC, em 1960, e dirigiu, além de curtas, a peça *Pluft, o fantasminha*, de Maria Clara Machado. Retornando ao Brasil, ainda na área de teatro fez assistência de direção para Eddy Lima na peça *Quarto de despejo*. Participa da montagem de *Mutirão em Novo Sol*, de Chico de Assis, no grupo CPC da UNE, em São Paulo. Participa do Festival da Juventude em Moscou. Foi crítico do *Jornal do Brasil* por três anos. Versátil e plural, trabalhava em várias frentes ao mesmo tempo. Foi redator, editor e diretor de vários documentários para o *Globo Repórter*, no período de 1975 a1983: "Seis dias de Ouricuri", "O pistoleiro de Serra Talhada", "Teodorico – O imperador do sertão", "O menino de Brodósqui", entre outros. Com Marcos Farias e Leon Hirszman fundou a Saga Filmes em 1966. Politizado e ativista, participa do movimento do Cinema Novo. Foi diretor de produção de *Cinco vezes favela* (filme de episódios). Roteirista de *A falecida* e *Garota de Ipanema*, ambos de Leon Hirszman; *Os condenados*, de Zelito Viana, *Lição de amor*, de Eduardo Escorel, *Dona Flor e seus dois maridos*, de Bruno Barreto. Com Roberto Feith roteirizou a série *90 Anos de Cinema Brasileiro* (exibida pela TV Manchete em 1988). Escreveu e dirigiu o episódio brasileiro do filme *ABC do amor* ("O pacto"), composto de três episódios: o já citado, um argentino e outro chileno. Dono de uma obra autoral, em seu trabalho no cinema ou no vídeo deixa impressa a marca do seu talento e o compromisso com a ótica que enfoca. *Cabra marcado para morrer* é a prova contundente do perfil comprometido com a verdade. Iniciado em 1964, por contingências políticas foi interrompido e retomado só anos depois. Mas valeu a espera, pelo registro e pelo documento que resgata uma página da nossa história que, apesar dos quinhentos anos, ainda não foi virada... a reforma agrária.

"O que existe realmente de novo em *Cabra marcado* talvez esteja exatamente aí, na sua extraordinária cumplicidade com a vida. O filme, como sabemos, é fruto de uma abnegada procura de si mesmo, ao longo de vinte anos de impossibilidades políticas e materiais e, sem esconder a aventura de sua execução, transforma esta aventura em estilo fílmico, usando recursos de telerreportagem, do cinema direto, do documentário tradicional e de montagem. Acho que Coutinho preferiu todos os caminhos que o permitissem chegar ao relato quase científico da desagregação de uma família do campo sob a pressão policial intensa, e descobrir que a fé de cada um deles não desaparecera, assim como o quadro das injustiças sociais." Walter Lima Júnior

"A protagonista de *Cabra marcado para morrer* é uma mulher muito especial. Tem nome de rainha – Elizabeth – mas é plebéia. Sobrenome brasileiríssimo: Teixeira. Onze filhos. Uma suicidou-se. Outros morreram de morte matada. Ela mesma é viúva de uma vítima da luta pela reforma agrária: o líder camponês João Pedro Teixeira."

"Dona Elizabeth Teixeira, 73 anos, é uma camponesa decidida. Herdou a fibra dos sertanejos imortalizados por Euclides da Cunha, teve a sorte de ter sua vida narrada por um "Euclides da Cunha do celulóide", o paulista Eduardo Coutinho. Ele imortalizou-a no filme *Cabra marcado para morrer*, um dos dez melhores títulos da história do cinema brasileiro." Maria do Rosário Caetano

AVES

Inspiração
Inspirada no apetite e na preferência que dom João tinha por esta espécie de ave.

CARLOTA JOAQUINA, PRINCESA DO BRASIL

"Galinhas e frangos eram o prato da preferência de dom João VI e poucos não bastavam para matar-lhe o apetite. Existe entre os manuscritos da Biblioteca Nacional uma representação, datada de outubro de 1819, contra os empregados do galinheiro da Real Ucharia, açambarcadores de galinhas em caminho do mercado. Tal documento, citado por Mário Behring em artigo da revista *Kosmos*, mostra que essas aves não chegavam ao seu destino e faltavam à dieta dos doentes, visto andarem empregados do Paço por estradas e portos da baía, tomando as capoeiras de criações já vendidas. Até morrer, dom João foi fiel a essa predileção gastronômica."
Tobias Monteiro

"O ameraba conheceu a galinha como o europeu, nos finais do século XV. No Brasil, sabemos o dia, o mês e quase a hora em que o primeiro tupiniquim de Porto Seguro viu e assombrou-se com a primeira galinha. Está na carta de Pero Vaz de Caminha: sexta-feira, 24 de abril de 1500, já à noite. 'Mostravam-lhes uma galinha; quase tiveram medo dela; não lhe queriam pôr a mão; e depois a tomaram como que espantados.'"
Luís da Câmara Cascudo
(ver o filme *Descobrimento do Brasil*, de Humberto Mauro)

Sinopse
Narra em tom de comédia como teria sido a conturbada vida da princesa espanhola Carlota Joaquina, que se casou em 1807 com o infante dom João de Portugal e veio morar no Brasil a contragosto, aqui ficando conhecida por seu gênio irascível e incrível apetite sexual. Sua trajetória também serve para mostrar as peculiaridades do momento em que o Brasil deixou de ser colônia para se tornar reino. A família real custa a imprimir o código de monarquia européia aos novos súditos. Os herdeiros da dinastia Bragança formam-se nesse ambiente. D. João era conhecido pelo temperamento pacato, lerdo, ao contrário da princesa, que, apesar de suas restrições aos negros, vive tórrido romance com um jovem de cor. Anos mais tarde, quando retornam a Portugal levando em dobro os bens que haviam trazido, dona Carlota, num ímpeto de orgulho e sarcasmo, joga fora os sapatos para não levar nenhum grão da tão odiada terra. "Desta terra não quero nem o pó", diz ao deixar o Brasil.

Ficha técnica
D/DA: Carla Camurati; A/R: a diretora, Angus Mitchell e Melanie Dimantas; F: Breno Silveira; M: César Migliorim e Marta Luz; MU: André Abujamra e Armando Souza; PR: Bianca de Felippes e Richard Luiz; P: Elimar Produções. Cor, 35mm, 100', 1994, RJ.

Elenco
Marieta Severo, Marco Nanini, Ludmila Dayer, Brent Hieatt, Maria Fernanda, Marcos Palmeira, Eliana Fonseca, Norton Nascimento, Beth Goulart, Aldo Leite, Antonio Abujamra, Bel Kutner, Vera Holtz, Ney Latorraca, Thales Pan Chacon.

O cinema brasileiro na cozinha

Carla Camurati (Ver *La serva padrona*)

"(...) Marieta Severo faz uma Carlota Joaquina patética, ressaltando o lado chanchadista desta e de outras cortes brasileiras, enquanto Marco Nanini, num show de comédia, transforma dom João VI no que, reza a lenda, ele era de fato – isto é, um regente tolo, mais interessado em coxinhas de galinha do que nos assuntos de Estado. (...)" Hugo Sukman

"Achei que o filme tem muito estilo, tem muito cuidado com cada detalhe. Espero agora que o público receba bem, porque é fundamental que nós voltemos a nos ver, e à nossa história, no cinema." Marieta Severo

FRANGO RECHEADO

Ingredientes
1 frango grande
1 lata de cerveja
1 copo de suco de manga
50 g de passa
50 g de azeitona (sem caroço)
100 g de farinha de mandioca
2 colheres (sopa) de margarina
½ cebola (ralada)
6 dentes de alho
1 limão
pimenta-do-reino branca
1 colher de páprica (chá)
ervas
5 cravos-da-índia
2 mangas
frutas de sua preferência

Preparo
Abrir, retirar os miúdos (moela e fígado) e lavar o frango em água com limão. Banhá-lo com a cerveja e deixar escorrer. Temperar com sal, alho, pimenta-do-reino e páprica. Deixar descansar por uma hora. Fritar a moela e o fígado (picados) na margarina com cebola. Acrescentar as passas, as azeitonas, os cravos-da-índia e a farinha de mandioca e fazer a farofa. Rechear o frango e costurar. Pincelá-lo com suco de manga e azeite de oliva, colocar em assadeira, cobrir com papel alumínio e levar ao forno bem quente por meia hora. Retirar o papel alumínio, virar e deixar dourar. Quando estiver assado, colocar em travessa e decorar com frutas.

Rendimento: 5 pessoas.

CARNES

Inspiração
Pelo tempero da boa música baiana (música popular brasileira), só podia ser um prato exótico que unisse mar e terra, Deus e o Diabo, numa alusão sincrética/profana que satisfaz todos os apetites. Axé Bahia!

"Os perfumes começaram a ser usados na Mesopotâmia, sob a forma de incenso oferecido aos deuses para adoçar o cheiro da carne queimada dos animais, nas oferendas, nos exorcismos, para curar doenças e depois das relações sexuais."
Diane Ackerman

O cinema brasileiro na cozinha

BAHIA DE TODOS OS SAMBAS

RABADA/CARURU

Ingredientes
5 kg de rabada
2 kg de camarão (fresco)
½ kg de amendoim
2 kg de quiabo
2 limões
200 g de cebola
200 g de tomate (maduro)
200 g de pimentão
1 maço de cheiro-verde (coentro e cebolinha)
2 copos de vinho (branco)
100 g de gengibre
1 colher (sobremesa) de noz-moscada
1 colher (sopa) de pimenta-do-reino branca
2 cabeças de alho
5 folhas de louro
ervas/alecrim e pimenta (malagueta)
½ xícara de azeite de oliva
500 ml de leite de coco
colorau
sal a gosto

Preparo
Lavar a rabada e os camarões, deixar escorrer e temperá-los (separadamente) com alho espremido, sal, pimenta-do-reino, colorau e limão. Juntar ao tempero da carne dois copos de vinho branco e deixar descansar (carnes e camarões) por 5 horas. Torrar e descascar o amendoim. Picar as cebolas, os pimentões e os tomates separadamente. Aquecer uma panela (grande e aberta) em fogo alto. Despejar o azeite, fritar as cebolas, os pimentões e os tomates. Refogar a rabada e acrescentar meio litro de água para cada quilo e deixar cozinhar. Quando estiver amolecida, acrescentar os quiabos (lavados e inteiros), os camarões e o amendoim. Por último, adicionar o leite de coco, o gengibre ralado, a noz-moscada, o alecrim e o cheiro-verde. Servir com arroz branco.

Rendimento: 20 pessoas.

Sinopse
Documentário sobre a festa baiana nas ruas de Roma, em agosto de 1983. A festa ocupou alguns dos mais belos sítios históricos da capital italiana, como a Piazza Navona, a Piazza de Spagna, o Forum Romano, e durou nove dias, atingindo um público de 150 mil pessoas. João Gilberto revela-se para a câmera em alguns momentos excepcionais. Jogos de capoeira, baianas vestidas a caráter. Caetano entrevista Dorival Caymmi. O filme registra os vários shows, com encerramento em grande estilo, deslumbrando os foliões na Piazza Navona lotada, curtindo o trio elétrico de Armandinho, Dodô e Osmar.

Ficha técnica
D: Paulo Cézar Saraceni e Leon Hirszman; R: Gianni Amico; F: Dib Lutfi, Tonino Nardi e Luiz Carlos Saldanha; M: Maria Elisa Freire; S: Luiz Carlos Saldanha; PE: Gustavo Dahl, Fiorella Giovanelli Amico e Elio Rumma; P: Elio Rumma. Cor, 35mm, 100', Roma/Brasil, 1986/1996.

O cinema brasileiro na cozinha

Elenco
Batatinha, Dorival Caymmi, Caetano Veloso, João Gilberto, Grupo Viva Bahia, Naná Vasconcelos, Gilberto Gil, Nana Caymmi, Gal Costa, Moraes Moreira, trio elétrico de Armandinho, Dodô e Osmar.

Narração
Paulo César Peréio

Leon Hirszman (Lins de Vasconcelos-RJ, 1937-1987). Filho de judeus poloneses. Aos sete anos já freqüentava o cinema, onde assistia até a três sessões seguidas dos seriados. Sua formação, primário e ginasial, foi em escola israelita, onde aprendeu o ídiche e o hebraico. Cursou o científico e, por exigência da mãe, a Escola Nacional de Engenharia, onde participou da criação do seu primeiro cineclube. Em 1958, com Joaquim Pedro de Andrade e Paulo Cézar Saraceni, fundou a Federação dos Cineclubes do Rio de Janeiro. "Com a Federação foi possível uma grande discussão cultural. Partimos do princípio de que não era só exibir filmes, era necessário fazê-los. E fazer cinema não sob o prisma de uma cultura importada, e sim buscando combater a dominação imperialista americana." Dedicou-se exclusivamente ao cinema, no qual teve intensa participação política no trabalho pela organização da categoria, pela regulamentação das leis do cinema e pelo fim da censura.

Ligou-se ao grupo do Teatro de Arena de São Paulo, formado por Augusto Boal, Gianfrancesco Guarnieri e Oduvaldo Vianna Filho. Participou do seminário de dramaturgia que preparou *Revolução na América do Sul*, de Boal, e *Chapetuba Futebol Clube*, de Vianinha. Foi desses encontros que surgiu, em 1961, o CPC da UNE, responsável pelo seu primeiro filme, "Pedreira de São Diogo" (episódio de *Cinco vezes favela*). Foi continuísta, assistente de direção, produtor, roteirista e diretor. Fundador com Marcos Faria e Eduardo Coutinho da Saga Filmes. Um dos mais ativos militantes do Cinema Novo, participou também da fundação da Cooperativa Brasileira de Cinema no início da década de 1980. Dotado de grande cultura, era admirador de Sartre, Gramsci e, principalmente, Brecht. Tinha idolatria pelo cineasta russo Serguei Eisenstein, do qual sofreu influências na montagem e na estética. Abordou os mais variados temas pela ótica do social e fez adaptações literárias. Para Eduardo Escorel, "Leon foi antes de tudo um entusiasta. Ele acreditava na política como uma missão de vida, um instrumento capaz de mudar a realidade".

Para a RAI (TV italiana), filmou, em 1976, *Que país é este ou Brasil, da Nação, do Povo*, focalizando o Brasil na visão de políticos, artistas e intelectuais como Celso Furtado, Maria da Conceição Tavares, Alfredo Bosi e outros.

Sua obra é composta de treze curtas e médias-metragens, treze longas-metragens e quatro filmes inacabados (inclusive *Bahia de todos os sambas*, concluído pelo co-diretor em 1996). Seu filme *Eles não usam black-tie* é um dos mais premiados da história do cinema nacional.

"*Imagens do inconsciente* me fez ser mais real, deu espaço ao meu inconsciente, eu apareci. É como na homeopatia: você tem condição de aparecer a você mesmo. Isso é doloroso, laborioso." Leon Hirszman

Paulo Cézar Saraceni (Ver O desafio)

"(...) Esta cozinha baiana, tão impiedosamente condenada por médicos e cientistas, exatamente por seu excesso de azeite e pimenta, mostra-se como uma tábua de salvação contra os perigos das avitaminoses A e C. Com os conhecimentos que hoje possuímos da riqueza vitamínica destes temperos, conclui-se que os abarás e os acarajés, que as cozinheiras negras preparam afogando bolos de farinha de fubá e feijão num banho apimentado de óleo de dendê, representam verdadeiros concentrados de vitaminas A e C. O mesmo se pode dizer do vatapá e do caruru, que, apesar do seu peculiar sabor, sem rival no mundo, nem por isso deixaram de sofrer agressões terríveis dos higienistas, defensores dos estômagos dos nossos compatriotas baianos." Josué de Castro

CARNES

Inspiração
Pela aridez do tema e pela limitação escassa da cozinha de farnel, este prato simples não só alimenta a carência do tropeiro como satisfaz as exigências gastronômicas do cangaceiro, ou não.

O CANGACEIRO

"As águas que fogem no volver selvagem das torrentes, ou entre as camadas inclinadas dos xistos, ficam retidas, longo tempo, nas espatas das bromélias, aviventando-se. No pino dos verões, um pé de macambira é para o matuto sequioso um copo de água cristalina e pura."
Euclides da Cunha – Os sertões

Sinopse
Reminiscências dos *westerns* americanos com evocações do sertão de *Canudos*, de Euclides da Cunha. Teodoro, lugar-tenente do capitão Galdino Ferreira, apaixona-se pela professora capturada pelo bando, provocando ciúmes em Maria Clódia, mulher do capitão. Após uma festa no acampamento, Teodoro resolve fugir com Olívia, abandonando o grupo. Galdino e seu bando perseguem-no. Nesse ínterim, uma volante é organizada para prender os cangaceiros. Teodoro vê o massacre da volante pelo bando e sabe que Galdino continuará em seu encalço. Pede a Olívia que fuja para a vila, enquanto procura retê-los. Na troca de tiros, fere Galdino, e com a última bala mata um antigo companheiro. Encurralado, rende-se e desafia Galdino para uma luta a faca. O capitão recusa-se e oferece uma oportunidade a Teodoro: caminhar desarmado sob a mira de um único tiro, desferido por cada um dos cangaceiros. Se escapar com vida, estará livre. Galdino ordena os disparos. Um a um, os cangaceiros começam a atirar. 23 homens, 23 tiros. Mortalmente ferido, Teodoro ainda rasteja até um filete de água, amassa a terra com as mãos e morre, bendizendo o sertão.

Ficha técnica
D/A: Lima Barreto; R: o diretor e Raquel de Queiroz; F: Chick Fowle; C: Pierino Massenzi e Carybé; M: Oswald Haffenrichter; MU: Gabriel Migliori; S: Erik Rasmussem e Ernest Hack; P: Cid Leite da Silva e Cia. Cinematográfica Vera Cruz. P & B, 16/35mm, 192', 1952.

Elenco
Alberto Ruschel, Marisa Prado, Milton Ribeiro, Vanja Orico, Ricardo Campos, Adoniran Barbosa, Zé do Norte, Lima Barreto, Galileu Garcia, Neuza Veras, Nieta Junqueira, Pedro Visgo, João Batista Gioto, Manoel Pinto.

Premiação
Melhor Filme de Aventura e Menção Especial pela Música — Festival de Cannes, 1953; incluído entre os melhores filmes do ano pela Associação dos Críticos da revista *Carteles* e pela Sociedade Nuestro Tiempo — Cuba, 1954.

Lima Barreto (Casa Branca-SP, 1906-1982). Radialista, jogador de *snooker*, ficcionista, poeta, músico, jornaleiro, jornalista, professor de cinema, roteirista e ator. Mal sabia andar quando seus pais se separaram, ficando com o pai, que viajava constantemente, daí ter levado uma vida nômade, o que não lhe permitiu uma infância normal. Tudo isso o tornou rebelde e agressivo, sendo repelido por outras crianças nas raras vezes que com estas convivia. A falta de mãe, lar, irmãos e amigos deixou-lhe marcas. Odiava e invejava os que possuíam estes bens. Tornou-se tímido e medroso, disfarçando seus temores com um comportamento cada vez mais pedante e presunçoso. Na Vera Cruz (produtora), ganhou o apelido de Capitão Barreto, por causa de seu gênio. Na imprensa, era definido como louco, mal-educado, grosseiro, cabotino, o homem que sabe tudo sobre cinema, fotografia, pintura, literatura e jornalismo. Assinou um contrato sem direito a nada. Como a Vera Cruz estava sempre no vermelho, pedia adiantamento sobre a renda à Columbia, que acabou comprando o filme por 16 mil contos. Até 1970, o filme já tinha rendido quase U$ 200 milhões, produto no qual não tinha investido absolutamente nada. Foi exibido em cerca de oitenta países, ficando seis anos em cartaz em Paris e quatro em Tóquio e Berlim. Em 1953 São Paulo tinha 3 milhões de habitantes, dos quais se presume que pelo menos um milhão tenha assistido ao filme. Superou qualquer filme estrangeiro exibido nas principais capitais do país. O filme virou grife. Nas coleções de alta-costura, foram lançadas botas, saias de couro e chapéus inspirados em Maria Bonita e Lampião. *Mulher rendeira*, a música tema, tornou-se *hit* internacional, gravada até mesmo pela norte-americana Joan Baez, nos anos 1960. Após vinte anos, recebeu de Kurosawa um cartão gravado em ouro, falando do seu orgulho em ter disputado no Festival de Cannes com O *cangaceiro*. Foi o primeiro cineasta a conquistar para o Brasil prêmios em festivais internacionais: *Painel* — Punta Del Este; *Santuário* — Veneza; O *cangaceiro* — Cannes. Tinha vários roteiros prontos, incluindo adaptações literárias, como O *alienista* e A *retirada da laguna*, mas não conseguiu financiamento para produzi-los. Foi convidado para filmar na Polônia, na Suíça, na França, em Portugal e na Espanha. Sério e rígido em seus ideais, jamais se

O cinema brasileiro na cozinha

BAIÃO-DE-TRÊS

Ingredientes
3 kg de carne-seca
½ kg de toucinho defumado
½ kg de bacon
1 ½ kg de arroz
1 kg de feijão-fradinho
1 cabeça de alho e 2 cebolas
3 limões
1 maço de cheiro-verde
pimenta-do-reino e ervas
1 kg de queijo de coalho

Preparo
Cortar a carne, o toucinho e o bacon em cubos (separadamente). Deixar a carne de molho na água com rodelas de limão por 3 horas trocando a água de 30 em 30 minutos. Em duas panelas, fritar o toucinho e o bacon. Quando o toucinho estiver quase frito, retirar a banha derretida, deixando apenas uma xícara desta junto com o toucinho e acrescentar a carne. Fritá-la em fogo brando até corar. Cozinhar ligeiramente o feijão e escorrer. Lavar o arroz, deixar escorrer e secar. Na panela com a carne (fogo médio), fritar as cebolas (picadas) e o alho (amassado), acrescentar o arroz (refogar bem) e por último o feijão, as ervas e o cheiro-verde. Adicionar água previamente fervida em quantidade suficiente para o cozimento (3 dedos acima do nível do arroz). Depois de pronto, acrescer cubos de queijo de coalho, tampar e esperar derreter. Servir com Vidas Secas ou Casa de Farinha (farofas).

Rendimento: 20 porções.

submeteu às regras do jogo, tendo sido condenado ao ostracismo. Realizou cerca de cem filmes comerciais. Em *São Paulo em festas*, documentou os festejos dos quatrocentos anos da cidade. Vítima de enfarte, morreu num asilo em Campinas, sozinho e na miséria, aos 76 anos, apesar de ser considerado um dos maiores cineastas brasileiros. Numa de suas declarações bombásticas disse: "Quero morrer de colapso cardíaco atrás de uma câmera, na ânsia nunca satisfeita de arrancar do nada esses personagens que a minha arte eterniza".

Obs.: Em 1997, Aníbal Massaini Neto dirigiu o *remake* que seu avô produziu em 1952.

"*O cangaceiro* alcançou sucesso mundial, levou multidões aos cinemas, mas só deu lucro à Columbia (que o comprou para distribuição)." Vinte e cinco anos depois, em 1978, apenas um brasileiro ainda ganhava dinheiro com o filme: o compositor Zé do Norte, autor das músicas incluídas na trilha sonora, que ainda eram cantadas na Europa.

Com mais de 250 músicas gravadas, ao lançar seu novo LP *Brasilidade*, Zé do Norte conta histórias inéditas sobre o filme, cuja produção tumultuada só teve similar no cinema estrangeiro com dois líderes do *box office* americano: *E o vento levou* e *Cleópatra*.

"O vaqueiro tem no cavalo seu companheiro inseparável, no dorso do qual vara a distância do sertão. Pela sua atividade física, necessita de várias calorias diárias. Seu regime alimentar é calcado em limitado potencial energético, cuja parcimônia calórica faz do sertanejo um tipo magro e anguloso, sem predisposição à artrite, à obesidade e ao diabete. Sua constituição física corrobora a do atleta fisiológico, com seu sistema muscular equilibrado, com força, agilidade e resistência. Por ironia do destino, o que lhe falta em variedade alimentar e pelos contínuos exercícios de equitação o coloca em vantagem diante da vida farta do urbano sedentário, que, em abundância alimentar, precisa recorrer às academias e a outros artifícios..." Josué de Castro

Aqui cabe citar Newton – "A natureza é simples e não se serve do lusco de coisas supérfluas."

Remake de O cangaceiro

Sinopse
Nova versão do clássico do cinema brasileiro *O cangaceiro*, de Lima Barreto. Partindo das lembranças de um ex-cangaceiro, conta a saga do bando chefiado por Galdino Ferreira que, por vingança, seqüestra a sobrinha do prefeito de uma pequena cidade. A caça aos cangaceiros e as intrigas internas do grupo são os principais elementos da trama, impregnada de violência e sensualidade, que se passa no Nordeste do país na década de 1930.

Ficha técnica
D/PR: Aníbal Massaini Neto; R: Antonio Carlos Fontoura; F: Cláudio Portiolli; DA: Carybé; M: Luiz Elias; MU: Vicente Salvia; P: Cineart Produções Cinematográficas Ltda., Ramona Constellation, Film Company. Baseado no argumento original de Lima Barreto, adaptado por Galileu Garcia, Anthony Fontz e Carlos Coimbra. Cor, 35mm, 120', 1997, SP.

Elenco
Paulo Gorgulho, Luiza Thomé, Alexandre Paternost, Ingra Liberato, Tom Cajueiro, Jece Valadão, Otávio Augusto, Jofre Soares, Cláudio Mamberti, Jonas Melo e Othon Bastos.

Aníbal Massaini Neto (São Paulo-SP, 1945). Economista, formado pela Universidade Mackenze-SP, em 1969. Filho do produtor Oswaldo Massaini, dono da Cinedistri, já na infância freqüentava os *sets* de filmagem. Na empresa do pai, começa como gerente de produção no filme *O santo milagroso* (1965), de Carlos Coimbra; *O anjo assassino* (1966), de Dionisio de Azevedo; *Cangaceiros de Lampião* (1966) e *Madona de cedro* (1968), ambos de Carlos Coimbra. Com *Corisco, o diabo loiro* (1969), também de Carlos Coimbra, faz sua primeira produção executiva. Na área da produção, possui um vasto *curriculum*: *Lua-de-mel & amendoim* (1971), de Fernando de Barros e Pedro Carlos Rovai; *Histórias que nossas babás*

O cinema brasileiro na cozinha

não contavam (1979), de Osvaldo Oliveira, e muitas outras. Durante as filmagens de *Independência ou morte* (1972), de Carlos Coimbra (um dos diretores com quem mais trabalhou — cinco filmes; o outro é Walter Hugo Khouri — quatro filmes), realizou *O grito*, *making-off* do filme. Estréia na direção com a comédia erótica *A infidelidade ao alcance de todos* (1972), do qual dirige o segundo episódio — "A transa". O primeiro episódio — "A Tuba"— foi dirigido por Olivier Perroy. O seu segundo filme, *A superfêmea*, satiriza o mundo da publicidade, com o qual foi agraciado com o Prêmio Governador do Estado de São Paulo.

Em 1980, funda a Cinearte Produções Cinematográficas Ltda. Sua folha de serviços prestados ao cinema brasileiro inclui 26 produções e quatro direções: *O grito*, "A transa", *A superfêmea* e o remake *O cangaceiro*.

CARNES

Inspiração
Pelo autor da obra, pelo filme e seu diretor, não poderia ser outra receita, uma vez que, das migalhas surrupiadas na dispensa do patrão, o negro não só inventou a feijoada como contribuiu para o enriquecimento da cozinha brasileira.

O cinema brasileiro na cozinha

CASA-GRANDE & SENZALA

"Como nenhum outro povo, o português teve 'sentido ecumênico'. Não somente no plano genesíaco, mas gastronômico. Fecundava todas as mulheres e provava todas as frutas, exóticas umas e outras."

Gilberto Freyre

"Do cozido português provirá a feijoada, prato nacional no Brasil, pela inclusão do feijão, preferencialmente preto; obra-prima que se completou lentamente pelos processos das adições sucessivas."

Luís da Câmara Cascudo

O cinema brasileiro na cozinha

FEIJOADA COMPLETA

Ingredientes
2 kg de feijão-preto
1 kg de carne-seca
½ kg de carne de jabá ou charque
½ kg de costela de porco
½ kg de rabo
½ kg de língua
½ kg de orelha
½ kg de pé
½ kg de linguiça
½ kg de paio
½ kg de toucinho defumado
2 kg de couve (picada)
2 kg de farinha de mandioca
2 kg de laranja-baía
6 limões/folhas de louro
2 cebolas e 2 cabeças de alho
100 g de pimenta-do-reino e cominho
1 maço de cheiro-verde (coentro e cebolinha)
100 g de pimenta-malagueta/ervas/alecrim/losna
1 melancia grande

Preparo
Cortar as carnes e deixar de molho por 5 horas com rodelas de limão e trocar a água de meia em meia hora. Lavar o feijão e deixar de molho por 5 horas. Temperar as carnes com suco de limão, alho amassado, pimenta-do-reino, cominho e ervas. Fritar o toucinho (separar um pouco para a couve e a farofa), acrescentar a cebola picada e refogar as carnes. Separá-las por tipo. Usar 2 panelas para o cozimento (levando em conta o tempo de cada carne) e outra panela de reserva. Cozinhar as porções de feijão com carnes similares — exemplo: costela com paio, língua com carne-seca, rabo com pé e ir despejando na panela de reserva. Adicionar o louro e as ervas e deixar ferver por meia hora; observar a consistência (pedaços grandes). Minutos antes de servir, refogar a couve com ervas e fazer a farofa (com as porções de toucinho frito). Servir com arroz branco, laranja e melancia.

Rendimento: 20 pessoas.

O cinema brasileiro na cozinha

Sinopse
Em 1933, o sociólogo pernambucano Gilberto Freyre escreveu o livro que dá título ao filme e é considerado um marco da literatura brasileira. Por intermédio de depoimentos de Freyre, de imagens e de gravuras documentais — Debret, Rugendas e Lula Cardoso Ayres — são descritas a organização familiar e as relações entre senhores e escravos nas casas de fazenda e nos engenhos de açúcar.

Ficha técnica
Este filme foi realizado por Geraldo Sarno, Walter Goulart, João Carlos Horta, J. Lins, Lia Rossi, Francisco Milani, Marco Altberg, Carlos de la Riva e Leandro Tocantins; P: Instituto Nacional de Cinema — INC, Departamento do Filme Educativo — Embrafilme; Colaboração: Instituto Joaquim Nabuco de Pesquisas Sociais, Museu do Açúcar, Fundação Castro Maia e Biblioteca do Itamaraty. Cor, 16/35mm, 1974.

Geraldo Sarno (Poções-BA, 1938). Em Salvador, participa do movimento cepecista baiano (CPC), no início da década de 1960. Junta-se a Waldemar Lima e Orlando Senna, que faziam documentário/ficção sobre camponeses e revolução agrária. Em 1964, já em São Paulo, tendo Thomaz Farkas como produtor, inicia carreira de documentarista com o média-metragem *Viramundo*, "documentário cinematográfico de valiosa ajuda ao estudo da psicologia do povo paulistano". Premiado em Brasília e em festivais internacionais, é considerado um clássico, tornando-se episódio da série Brasil Verdade. Viajou por quase todo o Nordeste documentando a cultura popular, que volta a ser enfocada nos anos 1960, com a experiência de Lina Bo Bardi no Museu de Arte Popular da Bahia. "Esses filmes refletem minha preocupação em documentar as manifestações mais elaboradas dessa cultura (música, poesia, gravura, escultura, autos dramáticos, literatura oral...) e espelham hoje para mim o roteiro de minha formação e de uma espécie de educação sentimental." Jornalista e bacharel em direito, radica-se no Rio de Janeiro na década de 1970. Na ficção ou no documentário, seus filmes identificam-se com a proposta do Cinema Novo.
"Difícil conceber roteiro para um documentário. O real é sempre mais complexo do que o conhecimento que se tem dele, esconde surpresas e armadilhas, improvisa, e a câmera e o gravador podem apenas flagrar uma parcela do visto e vivido, e a vida é mais vasta que o cinema, e todo documentarista sabe que, realizado o filme, este fica sempre aquém da soma de conhecimentos, relações e sentimentos que acumulou durante a filmagem..."
Deus é um fogo, seu último filme, retrata a participação da Igreja Progressista na América Latina.
É membro do Conselho Editorial de *Cinemais – Revista de Cinema e Outras Questões Audiovisuais*.

"O Brasil é o berço do feijão. Cultivado por toda parte, de Norte a Sul e de Oeste a Leste, o feijão é o prato nacional por excelência; é o sustento do trabalhador dos campos; é o pão cotidiano do pobre e do rico; é, como o povo o batizou, 'pai de família' (...)" Alfons Balbach

"*Casa-grande & senzala* resulta de um afã auto-analítico, auto-interpretativo e autobiográfico. Esse afã data de minha adolescência e dos meus dias de estudante universitário no estrangeiro, dias dos quais já disse no prefácio a um dos meus livros que nunca um estudante russo, nenhum de romance russo, preocupou-se tanto com os destinos do seu país, inquietou-se tanto com os problemas de sua nação, do que eu, nesses meus dias de estudante universitário no estrangeiro." Gilberto Freyre

CARNES

Inspiração
Pelo tema, diretor e atores. O filme é tão completo que só poderia ser uma receita que comportasse os diversos ingredientes de um cozido, prato símbolo de um país complexo na sua etnocentria das diversidades.

A GRANDE FEIRA

"Quem diz do viajante é a bagagem que leva. Instalando-se para ficar definitivamente no Brasil, o português recriou o ambiente familiar, cercando-se dos recursos do curral, do quintal e da horta, desejando quanto possível prolongar o tratamento em que se habituara secularmente."

Luís da Câmara Cascudo

"(...) Branco não sabe comer. Cozido é que guarda as forças. O assado bota para fora. Galinha assada é enfeite e não comida. Deve-se comer e beber o caldo. Aproveita-se tudo. Galinha assada não tem força porque não tem caldo. O caldo é a força da comida."

Crença dos escravos

"Quando estou diante do fogão, livro-me de meus preconceitos e dou asas à imaginação."

Fernanda Montenegro

O cinema brasileiro na cozinha

Sinopse
Inspira-se numa revolta popular detonada quando o governo do estado pensou em acabar com a feira Água de Meninos, onde trabalhavam mais de 10 mil feirantes, para atender aos interesses de grandes companhias imobiliárias que pretendiam construir no local. Um marinheiro chega ao mercado, entra em contato com o drama dos feirantes ao se apaixonar por uma mulher do local que trabalha numa boate. O amante desta, revoltado, incentiva ação radical contra as tentativas de destruição da feira. Ameaça pôr fogo nos tanques de óleo que circundam a feira se todos não se revoltarem. O marinheiro conhece então uma burguesa que renega sua classe e *status*, preferindo a companhia deste à do marido industrial. A ação radical do amante é impedida pela amada, que morre para evitar a explosão. O marinheiro despreza o amor da grã-fina e vai embora, após afirmar que ficaria se o povo decidisse fazer a revolução.

Ficha técnica
D/R/M: Roberto Pires; A: Rex Schindler; F: Hélio Silva; MU: Remo Usai; P: Rex Schindler, Braga Netto, Glauber Rocha e Iglu Filmes. P&B, 35mm, 1960, BA.

Elenco
Geraldo D'El Rey, Helena Ignez, Luíza Maranhão, Antonio Pitanga, Milton Gaúcho, David Singer, Roberto Ferreira, Nilton Paz, Clélia Mattos, Roberto Pires, Lígia Ferreira, Milton Rocha, Maria Lígia, Sônia Noronha, Raimundo Andrade, Calazans Neto, Agnaldo Santos, João Gama, Luís Henrique, Gabriel Leite, Genaro de Carvalho, Jota Luna, Hélio Rodrigues, Dante Scaldaferri e Maria Adélia.

Roberto Pires (Salvador-BA, 1934-2001). Estudante de ótica, fotógrafo, criou sua própria lente, batizada de Igluscope. Trabalhou em cinejornais. Participou do ciclo baiano do Cinema Novo, no início dos anos 1960, junto com Luiz Paulino dos Santos, Glauber Rocha, Oscar Santana, Rex Schlinder (argumentista e produtor de *A grande feira*) e Paulo Gil Soares. Diretor, roteirista e montador de seus filmes. Considerado um artesão na área cinematográfica e inventor de novas fórmulas, incluindo lente e som magnético para o filme *Redenção*, o primeiro longa-metragem baiano. Montador de *O caipora*, de Oscar Santana; *Society em baby-doll*, de Luiz Carlos Maciel; *O homem que comprou o mundo*, de Eduardo Coutinho; *Como vai, vai bem?* (filme de episódios — vários diretores); *Explosão aborígenes*, de Pedro Anísio; *A TV que virou estrela*, de Yanco Del Pino e Márcio Curi; *O cego que gritava luz*, de João Batista de Andrade, entre outros. Com Glauber Rocha fez a produção executiva de *Barravento*, a montagem de *Di Cavalcanti* e parte da fotografia de *A idade da Terra*.

Deixa a Bahia em 1963 e vai para o Rio de Janeiro, onde realiza *O crime do Sacopã*, *Máscara da traição* e *Em busca do su$exo*.

Retorna à Bahia na década de 1970 e dirige a ficção científica *Abrigo nuclear*.

Em 1986, chega a Brasília para filmar *Inverno nuclear*, arquivado em função da Guerra Fria.

Em 1989, realiza o episódio "A volta de Chico Candango", que compõe o longa *Brasília, a última utopia*. Seu último filme é *Césio 137 – o pesadelo de Goiânia*, baseado em fato real — o acidente nuclear de trágicas conseqüências ocorrido em Goiânia.

No final da década de 1990, retorna às suas origens e trabalha na produção e na direção daquele que seria seu último longa — *Nasce o Sol a 2 de julho* —, filme de ficção histórica "que iria resgatar os principais episódios das lutas pela independência do Brasil em terras da Bahia. Morre em pleno exercício da produção, deixando seu filme inacabado.

O cinema brasileiro na cozinha

COZIDO COMPLETO

Ingredientes
1 kg de costela
1 kg de músculo
1 kg de ossobuco
1 kg de acém
1 kg de patinho
1 kg de carne-de-sol
1 kg de lingüiça
1 kg de paio
1 kg de farinha de mandioca
1 kg de batata-inglesa e doce
1 kg de mandioca
1 kg de abóbora
1 kg de cenoura
1 kg de chuchu
1 kg de maxixe
1 kg de quiabo
1 kg de milho verde
1 kg de banana-da-terra
1 kg de repolho (roxo e verde)
1 kg de couve/couve-flor
1 kg de inhame
1 kg de jiló
alho/cebola/alho-porró/cheiro-verde/
tomate/pimentão/limão/pimenta/cominho/páprica/ervas

Preparo
Lavar as carnes com limão e temperá-las com alho, sal, pimenta-do-reino, cominho, páprica e ervas. Deixar no tempero por 5 horas. Refogá-las no óleo (sem colesterol) com cebolas, pimentões e tomates (picados). Acrescentar 1 litro de água para cada quilo de carne. Após cozimento, colocar em outra panela e separar um pouco do caldo para o pirão. Cozinhar as verduras e os legumes no caldo (acrescentar a este ervas e caldo de carne em tablete), observando sempre o tempo de cozimento de cada espécie (para não cozinhar demais). Em recipiente aberto, colocar as carnes no centro, verduras e legumes ao redor, decorando (a seu critério). Servir com pirão e arroz branco. Se preferir, usar no lugar do arroz purês com as verduras do cozido.

Rendimento: 20 pessoas.

85

CARNES

Inspiração
O nome e o tema do filme já pedem um prato. Receita e resultado unem o útil e o agradável. Juntou a fome com a vontade de comer...

O cinema brasileiro na cozinha

A MARVADA CARNE

"(...) A vontade de comer carne de boi que mobiliza Quin, não sua jornada, é uma coisa que Antônio Cândido chamou de 'fome psicológica'. O caipira — é importante lembrar isso — não passava fome não. Ele podia viver lá no fim do mundo, isolado, mas tinha sua rocinha de subsistência, suas galinhas e, além disso, caçava. Quando a coisa se esgotava, ele se mudava, era meio nômade, um traço que provavelmente herdou dos índios. Então ele não tem problema de fome, mas de mistura..."
C. A. Soffredini

CARNE-DE-SOL AO LEITE

Ingredientes
2 kg de carne-seca (magra)
4 limões
ervas
1 cabeça de alho
1 cebola (roxa)
½ litro de leite (desnatado)
1 xícara de óleo (sem colesterol)

Pirão de leite
1 litro de leite
2 xícaras de farinha de mandioca
1 colher (chá) de sal

Preparo
Tirar o sal da carne com limão e cortá-la em pedaços grandes. Em uma panela de pressão bem quente refogar a carne no óleo com o alho (amassado), a cebola (picada) e as ervas. Cozinhar na água por 30 minutos. Abrir a panela e virar as porções, acrescentar o leite, deixar em fogo baixo, até perceber que suas fibras estão tenras (sem desmanchar). Se preferir, pode desfiá-la.
Pirão de Leite: antes da fervura do leite, adicionar o sal e a farinha (despejando esta com a mão em concha e aos poucos), mexendo ininterruptamente para não embolar. Servir com pirão de leite, arroz branco, ver *Vidas secas* ou *Casa de farinha*.

Rendimento: 15 pessoas.

O cinema brasileiro na cozinha

Sinopse

Quin, caboclo sozinho e sem família, resolve um dia partir da roça, onde sempre vivera, decidido a arranjar esposa e a realizar um sonho antigo: comer carne de boi. Com a cabra, o cachorro, a enxada e uma trouxa, depois de enfrentar perigos no caminho, Quin chega ao lugarejo de Velha Torta e conhece Carula, moça solteira que logo o assedia. Sabendo de seu desejo, Carula induz Quin a crer que seu pai, Nhô Totó, tem um boi taludo reservado como dote. Quin instala-se no lugar e passa por uma série de provas para ser aceito pelo pai da moça. Cansado de mostrar aptidões, o caboclo foge com Carula (Nhô Totó assim se livra da festa de casamento) e acaba descobrindo que fora enganado a respeito do boi.

    Quin constitui família e torna-se benquisto na comunidade, afastando definitivamente o fantasma da solidão. Os filhos gêmeos que nascem e o amor de Carula, no entanto, não o fazem feliz, e Quin parte para São Paulo insistindo ainda na vontade de provar carne de boi.

    Depois de um intenso confronto com o diabo, o caboclo consegue o dinheiro para chegar à cidade grande, onde satisfará velhos desejos. Finalmente, por acaso, no meio de um saque, Quin, perplexo, se vê diante de um grande naco de carne bovina, dentro de uma vitrine estilhaçada de um açougue. É um momento de grande emoção.

O cinema brasileiro na cozinha

Ficha técnica
A/D: André Klotzel; R: o diretor e C. A. Soffredini; F: Pedro Farkas; C: Adrian Cooper e Beto Mainieri; Fl: Marisa Guimarães; M: Alain Fresnot; MU: Rogério Duprat, Passoca e Hélio Ziskind; S: Walter Rogério; Pesq: Gláucia M. Amaral; P: Tatu Filmes e Cláudio Kahns. Cor, 35mm, 77', 1985, SP.

Elenco
Adilson Barros, Fernanda Torres, Lucélia Machiavelli, Nelson Triunfo, Paco Sanches, Henrique Lisboa, Chiquinho Brandão, Tio Celso. Participações especiais: Dionísio Azevedo, Geny Prado, Regina Casé, Tonico e Tinoco.

Premiação
Melhor Filme, Melhor Diretor, Melhor Atriz (Fernanda Torres), Melhor Roteiro, Melhor Fotografia (Pedro Farkas), Melhor Montagem (Alain Fresnot), Melhor Música Original (Rogério Duprat), Prêmio Especial do Júri (Dionísio de Azevedo), Melhor Filme do Júri Popular, Melhor Cenografia (Adrian Cooper e Beto Mainieri), Prêmio da Crítica, Prêmio Kodak de Fotografia (Prêmio Edgar Brasil), Prêmio Vasp (Diretor e Atriz) — Festival de Gramado, 1985.

André Klotzel (São Paulo-SP, 1954). Inicia-se no cinema fazendo experiências em super-8. Faz curso de cinema na ECA/USP, onde dirige curtas produzidos pela universidade. É assistente de produção dos episódios "O despejo", no filme *Cada um dá o que tem*, e "Três assobios", do filme *Sabendo usar não vai faltar*, ambos de Adriano Stuart, *Exorcismo negro*, de José Mojica Marins, e *Curumim*, de Plácido de Campos Jr. Foi assistente de direção de *Kung Fu contra as bonecas*, de Adriano Stuart, *A estrada da vida*, de Nelson Pereira dos Santos. Produtor executivo de *Anjos da noite*, de Wilson Barros. Ligado ao cinema da Vila Madalena. Com Zita Carvalhosa, Pedro Farkas e José Roberto Eliezer, funda a Superfilmes. Adapta e dirige peças de Carlos Alberto Soffredini, gênero rural, ao qual pertence seu primeiro longa *A marvada carne*, deliciosa comédia que encanta a todos, dos oito aos oitenta anos.

"(...) O teatro cria símbolos. A TV cria realidades e influencia mais do que é influenciada. Já o cinema é mais sensível às coisas que acontecem nas ruas, às caras que tem esse país afora, e o bom cinema, como *A marvada carne*, é esse que traduz a alma brasileira."
Fernanda Torres

"(...) *A marvada* tem a qualidade de resgatar uma certa ingenuidade do modo de viver do brasileiro, viva ele no interior, na capital ou no litoral. É um jeito 'ingênuo' de resolver as coisas. As pessoas podem estar vivendo na era do laser, dos computadores, de guerra nas estrelas, mas isso no fim não oferece resposta a uma certa angústia básica... você vê o caso do Sapain junto com o Raoni tratando do Ruschi e eu me lembro imediatamente da prepotência daqueles médicos que trataram do Tancredo, dos boletins do Pinotti. É isso: Sapain e Pinotti. Eu falei em ingenuidade, mas não é bem isso; o termo exato é generosidade. E é isso que aparece em *A marvada carne* (...)." Adilson Barros

"...Aí eu dizia para os amigos que ia fazer um filme caipira. A reação era sempre de estranheza: 'Como?, Um filme caipira?, Você?'. E isso tudo foi me levando a perguntar por que o índio, o nordestino, o mineiro e o gaúcho têm *status* na literatura brasileira e o caipira é, em geral, considerado tema vulgar, de conotação pejorativa. Não existiria na tradição do interior uma inteligência, uma malícia, uma sabedoria equivalente ao, digamos, cordel nordestino? A forma de responder foi experimentar. *A marvada carne* foi feito por pessoas que se deixaram levar pelo sabor da comicidade e do lirismo caipira, e é assim que o filme tenta seduzir o espectador." André Klotzel

CARNES

Inspiração
Pela obra do autor e pela transposição fantástica, é uma homenagem tripla: a Guimarães Rosa, a Prates e à culinária dos sertões das Gerais.

NOITES DO SERTÃO

"Muitos dos aventureiros que se internaram pelo sertão adentro em sua penetração pastoril foram certamente cristãos-novos — judeus e árabes — trazendo na massa do sangue ou na mentalidade de nômades inquietos muito da experiência viva dos beduínos, dos bérberes do deserto saariano, adestrados, de há muito, na luta perene contra a escassez de água e contra a rispidez do meio natural."
Jean Descola

PERNIL RECHEADO

Ingredientes
1 pernil de porco (5 kg)
½ kg de bacon
2 copos de vinho branco
6 cenouras médias (compridas)
1 pacote de sopa de cebola
12 dentes de alho (espremidos)
1 colher de pimenta-do-reino (moída)
1 colher de cominho
1 colher de páprica
200 g de azeitona (sem caroço)
3 colheres (sopa) de sal

Preparo
Limpar o pernil, lavá-lo e deixar escorrer. Perfurá-lo todo e fazer 6 fendas profundas em seu interior. Em uma vasilha, espremer o alho, acrescentar a sopa de cebola, o sal, a pimenta-do-reino, o cominho, a páprica e o vinho. Fritar o bacon (bem picado) e esperar esfriar. Raspar e lavar as cenouras. Picar a azeitona. Em cada fenda do pernil, colocar um pouco de bacon, um pouco de azeitona, um pouco de tempero e introduzir a cenoura. Passar a pasta do tempero em toda a extensão do pernil, cobrir e deixar marinando por 6 horas. Pincelar com a gordura do bacon (frito), cobrir com papel alumínio e levar ao forno quente por 3 horas, virando de hora em hora. Retirar o papel alumínio e deixar dourar por meia hora. Servir com arroz branco e farofa.

Rendimento: 20 pessoas.

Sinopse

Belo Horizonte, década de 1950. Desquitada de Irvino, que foge com outra mulher, Lalinha, bela e frágil, é convidada pelo sogro viúvo, Iô Liodoro, a viver na fazenda Buriti Bom com ele e as duas irmãs do marido: uma fraca e doente e a outra cheia de vida e anseios. A chegada de um médico desperta nas mulheres a sexualidade reprimida. Poema sertanejo baseado na novela *Buriti*.

     Há um novo sertão no cinema brasileiro. Sem retirantes místicos nem líderes messiânicos, sem latifundiários exploradores nem macacos da polícia mantendo a velha ordem a pau e fogo. É um sertão de almas, no qual os conflitos sociais parecem ter-se evaporado. É também um sertão com data — anos 1950 — e endereço conhecidos — o norte de Minas, conforme consta na certidão de nascimento expedida pelo seu criador, João Guimarães Rosa, na novela *Buriti*.

Ficha técnica

D: Carlos Alberto Prates Correia; R: o diretor e Idê Lacreta; F: José Tadeu Ribeiro; M: Idê Lacreta e Amauri Alves; C/FI: Anísio Medeiros; S/MO: Tavinho Moura; S: Romeu Quinto Júnior; P: Tarcísio Vidigal, Helvécio Ratton, Paulo Thiago, Cinematográfica Montesclarense, Grupo Novo de Cinema e Embrafilme. Cor, 35mm, 100', 1984, MG.

Elenco

Cristina Aché, Débora Bloch, Carlos Kroeber, Carlos Wilson, Tony Ramos, Sura Berditchevski, Milton Nascimento, Maria Sílvia e Álvaro Freire.

Premiação

Melhor Fotografia (José Tadeu Ribeiro), Melhor Trilha Sonora (Tavinho Moura), Melhor Técnico de Som (Romeu Quinto Júnior), Melhor Atriz (Débora Bloch), Melhor Ator Coadjuvante (Carlos Wilson) — XVII Festival de Brasília do Cinema Brasileiro, 1984; Melhor Atriz, Melhor Atriz Coadjuvante (Maria Silvia), Melhor Fotografia, Melhor Trilha Sonora, Melhor Música Original, Melhor Montagem (Idê Lacreta e Amauri Alves), Melhor Som, Melhor Figurino, Melhor Cenografia e Prêmio Especial de Qualidade Técnica e Artística — Festival de Gramado, 1984; Melhor Atriz e Melhor Fotografia — Festival de Cartagena, 1984.

Carlos Alberto Prates (ver *Cabaret mineiro*)

"Fazer *Noites do sertão* foi para mim um calafrio doce, um susto sem perigo. Apesar de todos os perigos." Débora Bloch

"*Noites de sertão*, pra mim, como ator, é o marco divisório. Trata-se de um reencontro meu com o cinema e de uma maneira que eu queria: numa obra toda calcada na brasilidade nossa, nos silêncios dos interiores brasileiros, no questionamento de tabus, nos cerceamentos do indivíduo, no romance, no amor, na afetividade, na paixão." Tony Ramos

"'Saindo de trem de Belo Horizonte chega-se até lá'. Carlos Alberto Prates Correia fez a viagem e introduziu no sertão brasileiro uma nova dimensão: o mistério." Geraldo Mayrink. *Filme e Cultura*

CARNES

Inspiração
Esta receita é a materialização do banquete que Xica e João Fernandes oferecem ao novo contratador – claro que sem a picardia que a mesma concerne debochadamente ao conspurcar o tempero com pimenta e saliva. "(...) Cordeiro de Deus que tirais os pecados do mundo (...)" que viva Cacá.

XICA DA SILVA

"Na carne de bode, no leite e no queijo do sertão estão em boa parte as justificativas biológicas que respaldam a hoje famosa frase de Euclides da Cunha: 'O sertanejo é, antes de tudo, um forte'."

Josué de Castro

CABRITO NA CACHAÇA

Ingredientes
1 cabrito (médio)
400 ml de cachaça
3 cabeças de alho
1 colher (sopa) de pimenta-do-reino e cominho
200 ml de manteiga de garrafa
1 colher (sopa) de páprica
1 pacote de sopa de cebola (pó)
ervas (a gosto)
2 kg de farinha de mandioca
12 pimentas-malaguetas (molho)
5 limões
frutas de sua preferência
5 colheres de sal

Preparo
Limpar, lavar em água com limão e perfurar o cabrito em todas as extremidades e depositá-lo em tábua grande. Descascar o alho e amassar com 5 colheres de sal. Acrescentar a sopa de cebola, os temperos, as ervas, o molho de pimenta, a cachaça e misturar. Passar esta pasta em todo o cabrito, por dentro e por fora, deixando que o tempero penetre em todas as perfurações. Deixar descansar no tempero de 10 a 12 horas. Untá-lo com a manteiga de garrafa e assá-lo (inteiro). Servir com arroz branco, farofa e frutas de sua preferência.

Rendimento: 30 pessoas.

O cinema brasileiro na cozinha

Sinopse
Segunda metade do século XVIII. João Fernandes de Oliveira, português, contratador de diamantes, chega ao Arraial do Tijuco, em Minas Gerais. Interessa-se vivamente pela escrava Xica da Silva, toma-a a seu serviço e dá-lhe carta de alforria. A influência de Xica sobre João Fernandes cresce rapidamente e ela passa a dominar não somente sua vida como também a política, a moda e a economia da região. Presenteada com um palácio, um lago artificial e uma galera, Xica vinga-se das humilhações sofridas, pune seus inimigos, mas protege os escravos foragidos. As extravagâncias de Xica e a fortuna de João Fernandes, acumulada com o comércio de pedras preciosas, chamam a atenção da Corte, que, alertada por delatores do Tijuco, envia para lá um fiscal, o Conde de Valadares, que prende o contratador, obrigando Xica a refugiar-se numa igreja para escapar à fúria da população.

O cinema brasileiro na cozinha

Ficha técnica
D: Cacá Diegues; R: Cacá Diegues e João Felício dos Santos; F: José Medeiros; C: Luiz Carlos Ripper; M: Mair Tavares; MU: Roberto Menescal e Jorge Bem; P: Jarbas Barbosa, Embrafilme e Distrifilmes. Cor, 16/35mm, 117', 1976, RJ.

Elenco
Zezé Motta, Walmor Chagas, José Wilker, Elke Maravilha, Altair Lima, Stepan Nercessian, Rodolfo Arena, João Felício dos Santos, Marcus Vinícius.

Premiação
Prêmio Adicional de Qualidade — INC, 1976; Melhor Filme, Melhor Diretor, Melhor Atriz (Zezé Motta) — Prêmio Air France de Cinema, 1976; Melhor Atriz (Zezé Motta), Melhor Atriz Coadjuvante (Elke Maravilha), Melhor Fotógrafo (José Medeiros) e Melhor Cenógrafo (Luiz Carlos Ripper) — Troféu Coruja de Ouro — INC, 1976; Melhor Filme, Melhor Diretor e Melhor Atriz (Zezé Motta) — Festival de Brasília do Cinema Brasileiro, 1976; Melhor Atriz (Zezé Motta) e Melhor Montador (Mair Tavares) — Prêmio Governador do Estado de São Paulo, 1977.

Cacá Diegues (Maceió-AL, 1940). Chega ao Rio ainda criança (seis anos). Cursou direito na PUC. Participa do movimento cineclubista. Poeta, jornalista e crítico de cinema, edita o jornal *Metropolitano*, da PUC. É um dos fundadores do Cinema Novo. "A primeira geração do Cinema Novo teve sua primeira fase — realista; a segunda — alegórica; a terceira — popular (...)." Produtor, diretor, roteirista e ator. Artista da imagem no vídeo, na TV e no cinema. Dirigiu 28 filmes, entre curtas e longas-metragens. Dentre os diretores com os quais trabalhou em produção e co-produção, destacam-se: Arnaldo Jabor — *O circo*; Glauber Rocha — *Terra em transe*; Paulo Cézar Saraceni – *Capitu*; Marco Altberg — *Prova de fogo*; Rodolfo Brandão — *Dedé Mamata*. No tempo em que passou auto-exilado na Europa fez para a TV Francesa um filme de 55 minutos sobre a viagem de um brasileiro pela França. *Séjour*, o filme, uma mistura de ficção e documentário, teve uma série de entrevistas censuradas. Sua única exigência foi pedir para acrescentar no final do filme uma carta para os amigos brasileiros. "Eu já tinha passado por todos os regimes, tinha sido censurado em todos, de maneira direta ou indireta." Articulado política e culturalmente, iniciou uma experiência inovadora na parceria com a TV: *Dias melhores virão*, primeiro filme brasileiro a estrear na televisão antes do circuito comercial. A experiência repete-se com *Veja esta canção*, co-produzido pela TV Cultura, onde o filme foi exibido em primeira mão e depois entrou em circuito comercial. O que poderia ser um risco foi, ao contrário, um casamento bem-sucedido.
    Em sua filmografia, três títulos têm Brasília como tema e/ou cenário: *Brasília*; *Os Herdeiros*; e *Bye Bye Brasil*.

"Baseado num episódio verídico da história do Brasil, este filme é uma contribuição pessoal e poética ao elogio de um povo com um projeto de civilização construído sobre o amor e o amor pela liberdade." Cacá Diegues

"O amor de Carlos Diegues pela vibração, o ímpeto libertário, a espontaneidade e sensualidade dos negros, que se manifesta em filmes como *Ganga Zumba*, encontrou nesta crônica da escrava rainha dos diamantes, no Arraial do Tijuco, sua mais completa exposição. *Xica* é um filme alegre, uma reflexão otimista, cheia de malícia e oportunidade sobre os destinos dos que mandam e dos que são mandados." Fernando Ferreira

PEIXES & MARISCOS

Inspiração
Este foi o prato que abriu as fronteiras da minha imaginação para viajar em busca deste insólito sonho: livro/receita. A Nelson, que transformou em imagens o talismã do poder mágico, os meus, os seus e os nossos amuletos; a Glauber, que me seduziu pelo cinema; e à Bahia, que me deu a paixão pela cozinha, devo meu orgasmo holístico nas porções conceptivas de criar receitas e poder comer/beber filmes transubstanciados em alimentos.

O AMULETO DE OGUM

"O mais famoso e nacional dos pratos afro-brasileiros é o vatapá, cozido de peixe ou de galinha, podendo-se fazer de carne verde, peixe fresco ou salgado ou de bacalhau. A base é a espessa papa de arroz ou de farinha de mandioca, camarões e adubos tradicionais, europeus e amerabas. Já incluem o pão dormido, tomate, pimentões verdes e ervilhas. O azeite-de-dendê, a pimenta e o leite de coco são fundamentais (...) O vatapá continua evoluindo, complicando-se na elaboração culinária pela adição e substituição dos componentes. A feijoada completa já possui os padrões fixos carioca, baiano, nortista. O vatapá está crescendo (...)."

Folclore da alimentação

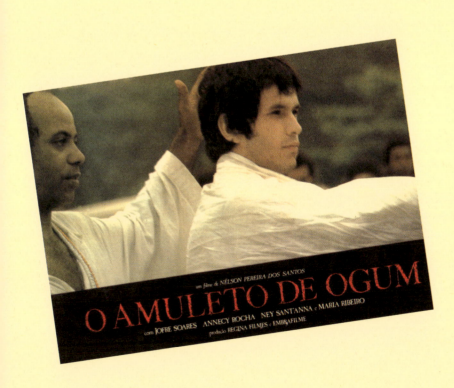

O cinema brasileiro na cozinha

VATAPÁ DE CAMARÃO

Ingredientes
3 kg de camarão fresco (limpos)
2 kg de camarão seco
1 caixa de creme de arroz vitaminado (a gosto)
500 ml de leite de coco
300 ml de azeite-de-dendê
10 pães franceses (dormidos)
2 l de leite
200 g de castanha de caju
200 g de amendoim (torrado)
½ kg de cebola
½ kg de tomate (maduro)
½ kg de pimentão
pimenta-do-reino/cominho
colorau
sal
cheiro-verde (picado)
3 limões
pimenta-malagueta (Prova de Fogo)

Preparo
Lavar os camarões frescos na água de limão, temperar com alho amassado, sal, pimenta-do-reino, cominho e colorau e deixar descansar por 1 hora. Lavar os camarões secos, refogar com alho picado em ½ xícara de azeite, acrescentar 2 litros de água, ferver, cobrir e reservar. Tirar a pele dos tomates em água fervente, escorrer, esfriar, retirar as sementes e picá-los. Reservar. Lavar e picar os pimentões. Reservar. Descascar e picar as cebolas. Colocar os pães de molho no leite. No liqüidificador, triturar as castanhas, os amendoins e os pães separadamente. Esquentar numa panela grande e aberta o azeite-de-dendê; despejar as cebolas, esperar sair a água, acrescentar os pimentões, esperar amaciar e, por último, os tomates. Temperar com alho amassado com sal, pimenta-do-reino e cominho. Acrescentar os camarões frescos. Quando estiverem refogados, acrescentar o caldo do camarão seco. Deixar ferver e ir adicionando aos poucos os ingredientes (a massa do pão, as farinhas do amendoim e das castanhas e os camarões secos), mexendo sempre para não embolar. Por último o leite de coco e o cheiro-verde. A pimenta malagueta (molho) a gosto. Servir com arroz branco.

Rendimento: 15 pessoas.

O cinema brasileiro na cozinha

Sinopse
O cego Firmino, cantador e violeiro, é obrigado por três bandidos a contar uma história. A história começa no Nordeste, quando Maria leva Gabriel, seu caçula, para fechar o corpo, com a intenção de livrá-lo do destino cruel do marido e do filho mais velho, brutalmente assassinados. Dez anos depois, Gabriel chega a Duque de Caxias, Rio de Janeiro, e procura o dr. Severiano, poderoso senhor de uma organização criminosa da Baixada Fluminense. Engajado como pistoleiro, executa pequenos serviços com eficiência. Um dia, entra em conflito com Chico de Assis, veterano matador que o chefiava. Chico não hesita, atira para matar: as balas furam apenas a roupa de Gabriel, pois, no seu peito, protegendo-o, está o amuleto de Ogum. Gabriel resolve abandonar a vida de pistoleiro, mas torna-se um inconveniente para Severiano, especialmente quando conhece Eneida, sua amante. Severiano prepara uma armadilha para Gabriel, tentando em vão destruí-lo. Gabriel decide enfrentá-lo formando uma quadrilha que Severiano logo elimina. Sob a proteção de um pai-de-santo, Gabriel escapa de outra armadilha. Traído por Eneida, que revelou a Severiano seu segredo, parte para a casa deste disposto a enfrentá-lo. Mata, morre e ressuscita. O cego Firmino termina a história, mas os bandidos não gostam da conclusão e tentam matá-lo. Entretanto, Firmino, que tem o corpo fechado, esfaqueia-os e sai cantando pela estação de trem.

Ficha técnica
D/R/Diálogos: Nelson Pereira dos Santos; A: Francisco Santos; F: Hélio Silva, o diretor e José Cavalcanti; C/F: Luiz Carlos Lacerda de Freitas; Ef. Esp: Célio Coutinho; M: Severino Dadá e Paulo Pessoa; MU: Jards Macalé; SD: Albertino Nogueira da Fonseca; S: Victor Raposeiro; TS: Geraldo José; P: o diretor, Carlos Alberto Diniz, Regina Filmes e Embrafilme. Cor, 16/35mm, 112', 1974, RJ.

Elenco
Jofre Soares, Annecy Rocha, Ney Sant'Anna, Maria Ribeiro, Jards Macalé, Emanuel Cavalcanti, José Marinho, Erley José, Washington Fernandes, Francisco Santos, Antônio Carneiro, Ilya São Paulo, Luiz Carlos Lacerda de Freitas, Waldir Onofre, Antônio Carlos Pereira, Flávio Santiago, Russo, Olney São Paulo, Clóvis Scarpino e o povo de Caxias.

Premiação
Melhor Diretor — Troféu Coruja de Ouro — INC, 1974; Prêmio Adicional de Qualidade — INC, 1974; Melhor Filme e Melhor Diretor — Prêmio Air France de Cinema, 1974; Melhor Filme — Festival do Cinema Brasileiro de Gramado-RS, 1975; Melhor Atriz (Annecy Rocha) — Associação Paulista dos Críticos de Arte, 1975.

Nelson Pereira dos Santos (São Paulo-SP, 1928). Advogado (nunca exerceu a profissão). Antes do cinema, fez teatro amador. Apaixonado por música clássica, literatura e filosofia. Cineclubista formado na geração que profissionalmente se encaminhava para o cinema, junto com Agostinho Martins Pereira, Bráulio Pedroso, Galileu Garcia, Carlos Alberto de Souza Barros, Roberto Santos e outros. Contemporâneo do processo industrial-cinematográfico paulista que despontava no país com os grandes estúdios: Vera Cruz, Maristela e Multifilmes. Radicado no Rio de Janeiro desde 1953, trabalha no *Jornal do Brasil* e no *Diário Carioca*. Dá início nessa época à atividade de documentarista para I. Rosemberg, vindo a conhecer todo o Nordeste. Atuou como assistente de direção em *O Saci*, de Rodolfo Nani, *Aglaia*, de Ruy Santos (inacabado), *Agulha no palheiro*, de Alex Viany, e *Balança mas não cai*, de Paulo Vanderley. Em 1965, lecionou cinema na UnB e em 1966 realiza um curta antropológico, *Fala Brasília*, no qual compara e analisa os diversos "falares" da população procedente de diversas regiões do país. A partir de 1971, é professor na UFF. Realizou a montagem de *O menino de calça branca*, de Sérgio Ricardo; *Pedreira de São Diogo* e *Maioria absoluta*, de Leon Hirszman, e *Barravento*, de Glauber Rocha. Como ator, participou dos filmes *Jardim de guerra*, de Neville d'Almeida; *Matei por amor*, de Miquel Faria Júnior, *For all — o trampolim da vitória*, de Luiz Carlos Lacerda e Buza Ferraz. Produziu *O grande momento*, de Roberto Santos, e *Aventuras amorosas de um padeiro*, de Waldir Onofre. É fundador e o primeiro presidente da Abraci e organizador da Cooperativa Brasileira de Cinema, no início dos anos 1980. Seu primeiro longa, identificado com o neo-realismo italiano, marca e modifica as formas de produção de nosso cinema, que passa a ser feito em grupo, com baixo orçamento e cenários naturais. *Rio 40 graus*, *Rio Zona Norte* e *El justiceiro* compõem a trilogia carioca. É, indiscutivelmente, um dos cineastas que têm na literatura a sua forte aliada na construção e na releitura da história contemporânea brasileira. Já foi comparado ao grego Michael Cacoyannis, ao espanhol Juan Antônio Barden e ao indiano Satyajit Ray, tidos como os modelos mais expressivos (em sua época) do cineasta novo, humanista, preocupado em participar da transformação do mundo por meio da câmera ou da ação política. Este paulista-carioca fluminense empenhou-se na busca de uma linguagem original ao afirmar: "Quero mostrar, sem retoques, sem mistificações, ao Brasil e ao mundo, que o nosso povo existe". Foi presidente do Concivi (Conselho Diretor do Pólo de Cinema e Vídeo-DF). Seu último filme, *Casa-grande & senzala*, numa segunda versão, faz parte das comemorações do centenário de Gilberto Freyre. Castro Alves sempre esteve em seus planos — oxalá se concretize.

Sua sina em relação ao cinema estava traçada. Seu pai, Antônio Pereira dos Santos, cinemeiro assumido, tinha por hábito passar os domingos assistindo com a família a uma maratona de filmes. O nome de Nelson é em homenagem ao almirante homônimo, personagem do filme *Divina comédia*, do diretor americano Frank Lloyd.

"Baseado na própria experiência, Chico Santos escreve *O amuleto da morte*, abordando a luta dos nordestinos que migram para o Sul, no caso o município de Caxias, na Baixada Fluminense, inspirando-se também na figura do 'coronel' urbano Tenório Cavalcanti (de quem Chico fora motorista e amigo)." Helena Salem

"Os umbandistas no Brasil são agradecidos a Nelson porque foi a partir de *Amuleto* que a umbanda foi registrada como religião popular brasileira. Então, indiretamente, o filme serviu para acabar com a perseguição à umbanda no Brasil. Era na época do governo militar, difícil. E o Presidente da República, um militar, assinou: religião brasileira". Erley José — ator e umbandista, consultor de Nelson no filme

"Nunca um filme esteve tão perto da verdade! Os deuses, a vida, corpo fechado. A morte. O povo, o canto, o drama. A traição, a fé, a gente. Um canto de amor à crença do povo inteiramente filmado em Caxias; com todo o respeito à umbanda e à crença do povo. A história de um homem com o corpo fechado: *O amuleto de Ogum* é a gente na tela. O único filme lançado primeiro em Caxias."

PEIXES & MARISCOS

Inspiração
Esta receita homenageia dois ícones sagrados da Bahia: Glauber e Caymmi — Barravento/Barra/Mar, transformando o sincretismo religioso em política de classes, em busca de um mundo mais humano.

BARRAVENTO

"O homem não é somente espírito, ele possui um corpo, ele sofre necessidades. Ele trabalha para satisfazê-las, e a religião não é nele muitas vezes senão uma estratégia de seus instintos buscando sua satisfação."
Roger Bastide — Elementos de sociologia religiosa

"O sal é a única rocha que parecemos apreciar verdadeiramente, mas isso porque temos um ambiente marítimo, com sal em nosso sangue, nossa urina, nossa carne e nossas lágrimas."
Diane Ackerman

(...) Vento que dá na vela / Vela que leva o barco / Barco que leva gente / Gente que leva o peixe / Peixe que dá dinheiro / Curimã / (...)
Dorival Caymmi – Vento

Sinopse
Numa aldeia de pescadores no litoral da Bahia, o pai-de-santo mantém a população presa a superstições. Aruã, jovem pescador, é considerado "escolhido de Iemanjá" e não pode ter relações sexuais. Firmino, negro educado na cidade grande, revolta-se contra a exploração econômica de seus companheiros. Resolve, para desmascarar o candomblé como um aliado dos patrões, mostrar que Aruã não é o escolhido dos deuses. Convence a prostituta Cota a seduzir Aruã, que, perdendo a virgindade, perde os favores da deusa e passa a trazer azar aos companheiros. Desmascarado, Aruã parte para a cidade grande, enquanto Cota se suicida.

Ficha técnica
D/A: Glauber Rocha; AD: Álvaro Guimarães e Waldemar Lima; R: Glauber Rocha e José Telles de Magalhães; FC: Tony Rabatony; M: Nelson Pereira dos Santos; MU: Washington Bueno; P: Iglu Filmes, Rex Schindler, Braga Neto, David Singer, José Telles de Magalhães e Roberto Pires. P&B, 16/35mm, 80', 1961, BA.

Elenco
Antônio Pitanga, Luiza Maranhão, Lucy Carvalho, Aldo Teixeira, Lídio Silva, Rosalvo Plínio, Alair Linguori, Antônio Carlos dos Santos, d. Zezé, Flora Vasconcelos, Jota Luna, Élio Moreno Lima, Francisco dos Santos Brito. Participações especiais (em candomblés): Hélio de Oliveira, d. Hilda, d. Zezé.

Premiação
Prêmio Ópera Prima — XIII Festival Internacional de Cinema de Karlovy Vary, Tchecoslováquia, 1962.

O cinema brasileiro na cozinha

Glauber Rocha (Vitória da Conquista-BA, 1939-1981). Seu nome, escolhido por sua mãe, foi inspirado no do cientista alemão Johann Rudolf Glauber (1603-1668), descobridor do sulfato de sódio, também conhecido como "sal de Glauber". Em 1948, mudou-se para Salvador. Em 1949, aos nove anos, toma parte numa peça encenada no colégio. Aos 13 anos, participa de um programa sobre cinema na Rádio Sociedade da Bahia, chamado *Cinema em Close-up*. Em 1954, torna-se membro do Círculo de Estudo, Pensamento e Ação (Cepa). Em 1955, faz parte do Grupo Jogralescas Teatralização Poética, no qual encenava poesias brasileiras. Em 1956, colaborou no filme *Um dia na rampa*, de Luiz Paulino dos Santos. Em 1957, entra para a Faculdade de Direito e cursa até o 3º ano. Convidado por Ariovaldo Matos, participa do jornal de esquerda *O Momento*. Faz seu primeiro filme, *Pátio*, utilizando sobras do material de *Redenção*, de Roberto Pires. Em visita ao CEC — Centro de Estudos Cinematográficos, em Belo Horizonte, propõe aos responsáveis pela *Revista de Cinema e de Complemento* as idéias iniciais para um "Cinema Novo", sendo considerado por estes um visionário. Em 1958, inicia sua carreira jornalística como repórter de polícia do *Jornal da Bahia*. Começa a publicar artigos sobre cinema e assume a direção do Suplemento Literário. Escreveu também no *Diário de Notícias* e no *Jornal do Brasil*. Em 1960, fez a produção executiva de *A grande feira*, de Roberto Pires, e *Barravento*, de Luiz Paulino dos Santos, assumindo em seguida a direção deste, trabalhando segundo as leis da antropologia materialista — momento em que detonou o movimento do Cinema Novo em sua fase baiana, junto com Roberto Pires, Rex Schindler, Braga Neto, Oscar Santana e outros.

Em duas épocas diferentes viveu no Rio de Janeiro (1960-1969 e 1976-1980). Escreveu para o *Pasquim*, o *Correio Braziliense* e a *Folha de S. Paulo*. Em 1963, começa a filmar *Deus e o diabo na terra do sol* (filme marco da cinematografia mundial). É autor dos livros *Revisão crítica do cinema brasileiro* (1963), *Riverão Sussuarana* (1978), *Revolução do Cinema Novo* (1981) e *O século do cinema* (1983). Foi um dos fundadores da Mapa Filmes com Zelito Viana, Walter Lima Júnior, Paulo Cézar Saraceni e Raymundo Wanderley Reis (1965). Participou da distribuidora do Cinema Novo, Difilm (1966). Foi produtor de *Menino do engenho* e *Brasil ano 2000* (ambos de Walter Lima Júnior), *A grande cidade*, de Cacá Diegues, e argumentista de *Garota de Ipanema*, de Leon Hirszman.

Em novembro de 1965, é preso junto com vários intelectuais que protestavam contra o regime militar em frente ao Hotel Glória, no Rio de Janeiro, sede de uma reunião da OEA. Da Europa, François Truffaut, Jean-Luc Godard, Alain Resnais, Abel Gance, Joris Ivens e outros enviam telegrama de protesto ao marechal Castelo Branco. Em 1971, iniciou seu exílio "para preservar minha expressão e minha integridade física". Filmou na Espanha, na Itália e em Cuba, onde co-dirigiu com Marcos Medeiros *História do Brasil* (1972), finalizado em Roma, com a participação de Renzo Rosselini. Nesse mesmo ano, encontra-se com o ex-presidente João Goulart em Punta Del Este, enquanto no Rio é fundado o Cineclube Glauber Rocha. Em 1974, envia da Europa carta à revista *Visão*, endossando a distensão e o projeto político de Geisel, fato que gera profundo reboliço nos meios intelectuais e políticos. Em 1976, filma o *Velório do pintor Di Cavalcanti* (obra-prima interditada pela família do pintor), com o qual é premiado no Festival de Cannes em 1977. Nesse mesmo ano, perde sua irmã Anecy (fato que o deixa transtornado). Começa a colaborar com o *Correio Braziliense* e, em 1979, passa a publicar seus artigos na primeira página do jornal. Realiza o média *Jorjamado no cinema*. Em 1978, em meio às filmagens de *A idade da Terra*, lança-se candidato ao governo da Bahia. Em 1979, participa do programa *Abertura*, da TV Tupi.

Em 1981, viaja para Portugal, onde se encontra com o presidente João Figueiredo em Sintra. Com problemas broncopulmonares, é internado. Já em estado de coma, é embarcado de Portugal para o Brasil a 21 de agosto, falecendo no dia seguinte. Seu velório é realizado no Parque Laje, cenário de *Terra em transe*. O Brasil perdeu não só o seu maior cineasta, mas uma personalidade múltipla, que, com apenas 25 anos, assombrou o país e o mundo com seu carisma e talento.

"(...) Assistência social é um truque da consciência burguesa para poder engolir uísque em paz. É uma afirmação individualista e mesquinha que apenas acentua a miséria. Que adianta dar um brinquedo de Natal ao filho do pobre pescador se no dia seguinte ele disputa um bolo de feijão juntamente com os cachorros esfaimados de beira-mar? (...)" Glauber Rocha

"Não há vida sem morte como não há morte sem vida, mas também há uma morte em vida. E a morte em vida é exatamente a vida proibida de ser vivida." Paulo Freire

O cinema brasileiro na cozinha

ROBALO RECHEADO

Ingredientes
5 kg de robalo inteiro
(ou qualquer peixe de água salgada)
100 ml de azeite de oliva
200 g de couve (cortada)
200 g de farinha de mandioca
4 limões
200 ml de mel
sal a gosto/ervas
1 cabeça de alho (amassado)
1 cebola (picada)
1 colher (chá) de pimenta-do-reino branca, páprica, açafrão e manjerona
2 colheres de margarina

Preparo
Limpar o peixe com limão retirando as escamas (se houver) e as vísceras. Retalhá-lo na diagonal (cortes medianos). Temperar com alho e sal (amassados), pimenta-do-reino e ervas, por dentro e por fora. Deixar descansar por 6 horas. Preparar o recheio. Derreter a margarina, fritar as cebolas (picadas), o alho e o sal (amassados) e 1 colher de sobremesa de ervas. Refogar a couve e fazer a farofa. Rechear o peixe (inclusive a cabeça) com farofa e costurar as bordas (barriga). Untá-lo com o mel em todas as extremidades (principalmente nos cortes — usar pincel). Adicionar o azeite de oliva (ambos os lados), embrulhá-lo no papel alumínio, colocá-lo em assadeira e levar ao forno (bem quente) por 30 minutos. Retirar o papel alumínio e voltar ao forno para dourar. Servir com arroz branco.

Rendimento: 10 pessoas.

PEIXES & MARISCOS

Inspiração
Pelo título, pela utopia realizada (a construção e a transferência da capital) e para homenagear os seis diretores locais que retrataram a cidade em vários olhares. Na minha versão, a última utopia estará completa quando cada candango/brasiliense tiver acesso a uma bacalhoada (em sua mesa) e prescindir econômica e conscenciosamente de esmolas (distribuição de leite, pão e cesta básica). Luiz Gonzaga e Zé Dantas em Vozes da seca afirmam: "Uma esmola a um homem que é são ou lhe mata de vergonha ou vicia o cidadão".

O cinema brasileiro na cozinha

BRASÍLIA, A ÚLTIMA UTOPIA
(filme de episódios)

"Dai ao povo que trabalha e que sofre, dai ao povo, para quem este mundo é mau, a crença num mundo melhor, mundo feito por ele."
Victor Hugo

"Deste planalto central, desta solidão que em breve se transformará em cérebro das altas decisões nacionais, lanço os olhos mais uma vez sobre o amanhã do meu país, e antevejo esta alvorada com fé inquebrantável e uma confiança sem limites no seu grande destino."
Presidente Juscelino Kubitschek de Oliveira.
Brasília foi tombada como patrimônio da humanidade pelo GDF em 14/10/1987, pela Unesco em 7/12/1987 e pelo Iphan em 14/3/1990.

Sinopse
Uma variada visão de Brasília em seis capítulos em que assistimos pela ótica de cada um dos realizadores o pulsar da cidade.

"Do ermo surgiu o cimento, o ferro, o monumento. O engenho e a arte fizeram a paisagem onde só havia a natureza torta do cerrado. Brasília nasceu do sonho de dom Bosco ao fantástico realismo de J. K., vértice do poder e pirâmide do estado social representada pelo Poder Legislativo na figura majestosa do Congresso Nacional. Com um olho no terceiro milênio. Com uma história que é a síntese do falar brasileiro. Com uma história que é também a síntese do sonhar brasileiro. Em menos de trinta anos, Brasília é Patrimônio Cultural da Humanidade, com reconhecimento especial da Unesco."

Episódios
"A paisagem natural" — Vladimir Carvalho — 1º episódio (ver Salada).

"O sinal da cruz" — Pedro Jorge de Castro — 2º episódio (ver Aperitivos & driques — O Calor da Pele).

O cinema brasileiro na cozinha

TORTA DE BACALHAU

Ingredientes
2 kg de bacalhau
4 kg de batata-inglesa
½ kg de cebola
50 g de alho
100 g de azeitona preta (sem caroço)
100 g de palmito
50 g de alcaparra
1 maço de alho-porró
ervas (noz-moscada, manjericão, pimenta-do-reino branca)
200 ml de azeite de oliva
500 ml de água de coco
100 g de tomate maduro
100 g de pimentão (vermelho, verde e amarelo)
3 limões

Preparo
Deixar o bacalhau de molho por 24 horas, trocando a água espaçadamente. Aferventar por 10 minutos, escorrer, retirar a pele e desfiá-lo. Levar ao fogo por mais 10 minutos só na água de coco. Escorrer, temperar com suco de limão, alho (espremido), 1 colher de chá de pimenta-do-reino branca e ervas. Refogar em meia xícara de azeite e reservar. Cozinhar as batatas em água e sal, descascar, passar no espremedor e refogar no azeite com pimenta-do-reino e ervas. Cortar as cebolas e o alho-porró em rodelas, refogar no azeite separadamente. Lavar, secar e cortar em rodelas os tomates e os pimentões. Untar com azeite o pirex refratário aberto, colocar uma camada fina de alho-porró e cebola. Acrescentar uma camada de bacalhau desfiado, uma do purê de batata, uma de tomate, pimentão, azeitona e alcaparra. Repetir o mesmo processo nas camadas subseqüentes.
Na última, pincelar com azeite e levar ao forno pré-aquecido por 40 minutos.
Decorar com palmitos ou conforme sua imaginação e servir com arroz e brocólis.

Rendimento: 10 pessoas.

103

O cinema brasileiro na cozinha

Sinopse
Trata da caminhada do homem brasileiro do litoral ao interior. Resgata o civilizatório gilbertofreiriano incorporando sua meta-raça e vendo Brasília como um ciclo econômico da história do Brasil: de Pedro Álvares Cabral à Constituinte.

"A capital dos Brasis" — Geraldo Moraes — 3º episódio (ver Entradas — O Círculo de Fogo).

"A volta de Chico Candango" — Roberto Pires — 4º episódio (ver Carnes — A Grande Feira).

Sinopse
Relata por intermédio de um personagem nordestino a sua volta à capital depois de ter ajudado a construir a Capital da Esperança e tê-la deixado. A sua volta a Brasília é cheia de sonhos de otimismo, mas quando chega à capital de hoje só encontra burocracia e desmandos. Frustrado, vê a capital que ajudou a construir como o sonho que desapareceu.

"Além do cinema do além" — Pedro Anísio — 5º episódio.

Sinopse
Enfoca por intermédio do personagem Spirit, de Will Eisner, na linguagem de quadrinhos, o misticismo que povoa o planalto central. Inspirado no realismo fantástico, enche a tela de aparições ritualísticas de contradição entre a cultura de massa representada por Spirit e a fortaleza da cultura religiosa afro-oriental/católico-sincrética. Brasília tem 3 mil seitas e nasceu do sonho de um padre italiano, dom Bosco.

"Suíte Brasília" — Moacir de Oliveira — 6º episódio.

Sinopse
Conta em forma de balé musical, inspirado na música de Renato Vasconcelos, ilustrado com depoimentos de Oscar Niemeyer e Lúcio Costa, o conceito arquitetônico e urbanístico de Brasília.

PEIXES & MARISCOS

Inspiração
A simbiose filme e receita está no ritmo sonoro da pronúncia e na composição dos elementos. Ambos prazerosos.

BUBUBU NO BOBOBÓ

"Fora o africano o introdutor do azeite-de-cheiro, do camarão seco, da pimenta-malagueta, do leite de coco e de outros alimentos no preparo das variadas refeições da Bahia."
Manoel Quirino — *Costumes africanos no Brasil*, 1938

"A raiz da mandioca é originária do Brasil; daí transplantada para outras regiões americanas e para a África. É com sua farinha que os brasileiros, bem como os portugueses, holandeses e negros crioulos, faziam o pão, que, depois do trigo, é de todos o melhor. Tanto assim que os nossos soldados preferiram receber em nossos celeiros sua ração em pão de mandioca a recebê-la de trigo."
Joan Nienhof

Sinopse
Tentando reviver os áureos tempos do teatro de revista no Brasil, um grupo de artistas resolve montar um espetáculo musical, uma sátira política e social.

Arena Franco, ex-empresário do gênero e agora dono de um teatro, Vera, sua filha atriz, e o marido desta, autor e diretor de teatro, juntam-se a uma famosa ex-vedete e montam o espetáculo no estilo irreverente e sarcástico das revistas.

O texto escolhido trata das relações patrão — empregado e dos problemas do empresariado nacional cercado pelas multinacionais.

A peça, no entanto, é um fracasso de público, e Arena Franco fica em dificuldade. O pagamento dos atores começa a atrasar, surgem os credores e o desentendimento entre a produção e a equipe torna-se inevitável. Os conflitos desencadeados pelo insucesso do espetáculo provocam a completa dissolução do grupo, cada qual seguindo um novo rumo em sua carreira.

Ficha técnica
D: Marcos Farias; AD: Ankito; A: Marcos Farias, Ângela Leal e Waldomiro Santana; R: Marcos Farias e Maurice Capovilla; F/C: Renato Neumann; Fl: Fernando Pinto e J. Lins; C: Colmar Diniz; M: Jayme Justo; MU: J. Lins; S: Carlos De La Riva; P: Saul Lachtermacher e Cida Correa. Cor, 35mm, 107', 1980, Ilhéus-BA/RJ.

Elenco
Ângela Leal, Nelson Xavier, Rodolfo Arena, Michèle Naili, Nélia Paula, Carvalinho, Gracinda Freire, Colé, Ankito, Silva Filho, Wilson Gray, Silveirinha, Nick Nicola, Álvaro Guimarães, Eliana Dutra, Ivete Niloski, Toni Ferreira, Jalusa Barcellos.

O cinema brasileiro na cozinha

Marcos Farias (Campos Novos-SC, 1933-1985). Participou do Grupo Sul, na década de 1950, em Florianópolis. Colaborou na *Revista Sul* e no livro *Antologia de contistas novos de Santa Catarina* (1954). Escritor, roteirista, produtor e diretor. Na década de 1960, já no Rio de Janeiro, participa da fase inicial do Cinema Novo com o curta "O favelado, 1º episódio de *Cinco vezes favela* (produzido pelo CPC/UNE). Com a sua produtora associada a outros produziu: *Garota de Ipanema* e *São Bernardo*, ambos de Leon Hirszman; *Todas as mulheres do mundo*, de Domingos de Oliveira; *Canalha em crise* e *Perpétuo contra o Esquadrão da Morte*, ambos de Miguel Borges; "O pacto" (episódio de *ABC do amor*) e *Faustão*, ambos de Eduardo Coutinho. Dois de seus longas-metragens foram adaptações literárias: *A vingança dos doze* (Machado de Assis), *Fogo morto* (José Lins do Rêgo). Seu último filme, *Bububu no bobobó* (produzido pela Cinédia), reconstitui a época de ouro do teatro de revista. Retornou a Santa Catarina, onde pretendia implantar o pólo cinematográfico, quando teve sua vida interrompida.

O teatro de revista ocupa um lugar de destaque na história da criação teatral brasileira. O gênero revista surgiu no Brasil na segunda metade do século XIX, ganhando importância principalmente no Rio de Janeiro, onde desempenhou atividades lúdicas, culturais, políticas e musicais. A sátira política, uma de suas características, transformou Getúlio Vargas em "Gegê" e Juscelino Kubitschek num simplório "Nonô". Seus musicais eram sucesso nas ruas e nos salões carnavalescos — atestado de popularidade e glória para artistas, músicos, diretores, compositores e produtores.

"(...) *Bububu no bobobó* lança um olhar sobre as ruínas de um passado, mas, esquecendo-se de refletir sobre o exato ponto de vista, observa, do presente, tais ruínas. Esquecimento fatal, pois, em sua aparente inocência, será o olho tendencioso da câmera quem nos quererá convencer da presumível superioridade do referido passado, expresso pelo teatro de rebolado e, por extensão, pela forma teatro. Sem eles, insinua o filme, viveremos pior. Olhar para o crepúsculo, nesse caso, é ser-lhe contemporâneo, é anoitecer com ele, por detrás de uma câmera discreta e uma narrativa 'realista'." Antônio Fernando Borges, *O cinema do rebolado e As ruínas do Coliseu — Filme Cultura*, 38/39, p. 85

OFERTA DO MÊS (J. Lins) Trilha sonora de *Bububu no bobobó*

Compre um e leve dois
pelo preço de três,
aproveite a oferta e deixe o salário do mês.

Depois chega o carnaval:
você samba e é passista,
você é porta-estandarte,
sua vida é pura arte
pra turista encher a vista
Mas na hora do meio-dia:
o fogão apagado,
a panela na pia,
o feijão na quitanda,
a barriga vazia.

Quando acaba a fantasia
não tem samba em sua vida,
não tem arrocho em seu dinheiro
pra fazer outra avenida.

O cinema brasileiro na cozinha

BOBÓ DE CAMARÃO

Ingredientes
2 kg de camarão fresco
1 kg de camarão seco
3 kg de mandioca
½ kg de cebola
½ kg de pimentão
½ kg de tomate maduro
200 ml de azeite-de-dendê
200 ml de leite de coco
1 maço de cheiro-verde (cebolinha e coentro)
1 cabeça de alho
1 colher (sobremesa) de pimenta-do-reino branca
1 colher (sopa) de molho de pimenta (Se Segura Malandro)
1 colher (sopa) de colorau
1 colher (sobremesa) de gengibre em pó
1 colher (sobremesa) de noz-moscada em pó
3 limões grandes

Preparo
Lavar os camarões frescos e deixar escorrer bem a água. Colocar em um recipiente e juntar o caldo de 2 limões, o sal, a pimenta-do-reino, o colorau, deixar descansar por 2 horas e refogar. Lavar os camarões secos, colocar o caldo de um limão, juntar 2 litros de água e levar ao fogo, deixando ferver por 30 minutos. Coar e separar o caldo. Descascar e picar as cebolas. Lavar os pimentões e picar (ambos separados). Colocar os tomates em água fervente por 5 minutos. Escorrer, deixar esfriar, tirar a pele e as sementes e picar em pedaços pequenos.

Cozinhar a mandioca, passar no espremedor e separar. Deixar a panela esquentar (em fogo baixo), colocar o azeite-de-dendê, esperar por 2 minutos e colocar a cebola. Esperar soltar toda a água e acrescentar os pimentões e os tomates. Juntar 10 dentes de alho amassados com 1 colher de sopa rasa de sal. Após 5 minutos, despejar os camarões frescos, refogar bem, acrescentar 2 xícaras do caldo da mandioca cozida e deixar ferver por 15 minutos. Baixar o fogo. Adicionar aos poucos a massa da mandioca, os camarões frescos e secos junto com o caldo, o gengibre, a noz-moscada e o cheiro-verde, mexendo sempre para não embolar por 10 minutos. Por último, acrescentar o leite de coco. Deixar descansar por 1 hora e servir quente com arroz branco.

Rendimento: 15 pessoas.
Obs.: a mandioca pode ser substituída por inhame ou cará.

PEIXES & MARISCOS

Inspiração
Este filme, na visão do diretor, é a transposição da realidade nua e crua. Na visão do retratado, o reconhecimento da verdade. E na minha visão, a alquimia complementar ao prato típico (arroz-de-cuxá), contrastando a fome endêmica da população com um manjar regional.

O cinema brasileiro na cozinha

MARANHÃO 66

"A fome em si mesma determina um complexo sociológico, político, econômico, artístico, literário, lírico, pictórico, sem modificação no próprio *status* carencial que pertence aos problemas da nutrição, suficiente e racional. Um sistema de círculos concêntricos amplia a projeção dessa 'consciência', articulando-a a todos os corpos doutrinários decorrentes das necessidades imediatas e naturais do homem."

Luís da Câmara Cascudo

ARROZ-DE-CUXÁ

Ingredientes
1 kg de arroz
1 kg de quiabo
1 kg de camarão seco
1 kg de camarão fresco
6 maços de vinagreira
1 xícara de gergelim torrado
1 cebola grande picada
6 dentes grandes de alho
2 colheres (chá) de pimenta-do-reino
2 colheres (chá) de noz-moscada
2 colheres (chá) de páprica
2 xícaras de azeite de oliva
1 limão

Preparo
Lavar o arroz, escorrer e deixar secar. Lavar e tirar o talo das vinagreiras, escaldá-las em água fervente e escorrer. Lavar os camarões secos e os frescos em água com limão e temperá-los com alho e uma colher (chá) de pimenta-do-reino. Triturar no liqüidificador ½ quilo do camarão seco, acrescentar 2 litros de água, ferver e reservar. Lavar e cortar em rodelas os quiabos e refogá-los no azeite com cebola picada, alho espremido, pimenta-do-reino, páprica e noz-moscada. Adicionar 2 xícaras de água do camarão, a vinagreira, o gergelim e mexer (em fogo brando) até formar uma massa pastosa. Refogar o arroz no azeite com cebola, alho e pimenta-do-reino. Acrescentar os camarões frescos e secos, um pouco do quiabo em rodelas e a água do camarão seco. Cozinhar em fogo brando. Decorar com a pasta (quiabo/vinagreira) e camarões.

Rendimento: 10 pessoas.

O cinema brasileiro na cozinha

Sinopse
"Tomara eu posse no governo do Maranhão e fiz uma ousadia que não devia ter feito com o amigo da estatura do Glauber Rocha. Eu lhe pedira que documentasse a minha posse. (...) Quando o público viu que numa sessão de cinema de arte ia ser passado um documentário que podia ter o sentido de uma promoção publicitária, reagiu, como tinha que reagir.

　　Mas aí o documentário começou a ser passado, e, quando terminaram os 12 minutos, o público levantou-se e aplaudiu, de pé, não o tema do documentário, mas a maneira pela qual um grande artista pôde transformar um simples documentário numa obra de arte: ele não filmou a minha posse, ele filmou a miséria do Maranhão, a pobreza, filmou as esperanças que nasciam do Maranhão, dos casebres, dos hospitais, dos tipos de ruas, e no meio de tudo aquilo ele colocou a minha voz, mas não a voz do governador. Ele modificou a ciclagem para que a minha voz parecesse, dentro daquele documentário, como se fosse a voz de um fantasma diante daquelas coisas quase irreais, que era a miséria do estado". Senador José Sarney — *Jornal do Brasil*, 1981

Ficha técnica
D: Glauber Rocha; FC: Fernando Duarte; M: João Ramiro Mello; SD: Eduardo Escorel; P: Mapa Filmes, Luiz Carlos Barreto, Zelito Viana. P&B, 16/35mm, 11', 1966, RJ/MA.

Glauber Rocha (ver *Barravento*).

PEIXES & MARISCOS

Inspiração
Este filme só poderia gerar este prato. A primeira margem é o próprio rio. A segunda é o peixe. E a terceira, claro, é a própria moqueca.

O cinema brasileiro na cozinha

A TERCEIRA MARGEM DO RIO

"Comer camarão, lagosta, caranguejo, com molho seco de pimentas, é tanto do gosto indígena quanto do apetite africano (...)."

Luís da Câmara Cascudo

O cinema brasileiro na cozinha

MOQUECA DE ÁGUA DOCE

Ingredientes
3 kg de peixe de água doce
2 kg de camarão fresco
300 g de azeite-de-dendê
300 g de leite de coco
3 limões
½ kg de cebola
½ kg de pimentão
½ kg de tomate maduro
½ kg de farinha de mandioca
1 kg de batata-inglesa
1 maço de cheiro-verde
1 cabeça de alho
pimenta-do-reino branca
páprica, manjericão, sálvia e alecrim (a gosto)
sal

Preparo
Limpar o peixe com limão, cortar em postas (médias) e temperá-lo com alho e sal (amassados), pimenta-do-reino e páprica. O mesmo tempero para os camarões. Deixar ambos descansarem por 2 horas. Descascar e aferventar as batatas cortadas em rodelas. Picar as cebolas, os pimentões e os tomates. Em panela bem quente, esquentar o azeite-de-dendê, refogar as cebolas, os pimentões e os tomates e separar. Refogar os camarões no azeite com alho e cebola e adicionar ½ litro de água. Em panela de barro aberta, dispor em camadas alternadas as postas de peixe e as rodelas de batata, entremeando com o molho (reservado). Após o início da fervura, acrescentar o molho de camarão. Por último, o cheiro-verde e o leite de coco. Cozinhar por 10 minutos. Separar ½ litro do caldo para o pirão.

Rendimento: 15 pessoas.
Obs.: Para fazer o pirão o processo é o mesmo usado em *A marvada carne*, mas substituindo-se o leite pelo caldo de peixe.

Sinopse
Um homem abandona a casa, a mulher, os filhos, os amigos, tudo, para viver isolado numa canoa, no meio de um rio na região central do Brasil. Sem explicar seu gesto, rema sem destino. Jamais volta a pisar em terra firme, nunca mais aparece a ninguém. Seu único contato com as pessoas faz-se de modo indireto, por intermédio do filho, que lhe deixa comida debaixo de uma pedra na beira do rio. Sozinha, sua mulher passa a comandar a família. A filha mais velha, Rosário, casa-se e vai morar na cidade. O filho Liojorge também se casa, mas mora com a mãe. Sua filha mais nova, de quatro anos, revela poderes mágicos, os quais surpreende os pais e a avó. Um prisioneiro trazido para a cidade pelos irmãos Dagobé ameaça a paz da família. Para proteger os seus, Liojorge foge com eles para a casa da irmã, numa cidade-satélite de Brasília. Lá, a família conhece a alegria e o inferno da cidade, o beco sem saída de uma sociedade excludente.

Ficha técnica
D/R: Nelson Pereira dos Santos; F: Gilberto Azevedo e Fernando Duarte; C: Girafa; M: Carlos Alberto Camuyrano e Luelane Corrêa; MU: Milton Nascimento; S: Chico Bororo; PE: Dora Sverner e Ney Sant'Anna; P: Regina Filmes. Cor, 35mm, 90', 1994, RJ/DF.

Baseado nos contos "A menina de lá", "Os irmãos Dagobé", "Fatalidade", "Seqüência" e "A terceira margem do rio", do livro *Primeiras estórias*, de João Guimarães Rosa.

Elenco
Ilya São Paulo, Maria Ribeiro, Sonjia Saurin, Bárbara Brant, Mariane Vicentini, Chico Diaz, Henrique Rovira, Waldyr Onofre, Gilson Moura, Mário Lute.

Premiação
Selecionado para a mostra oficial do Festival de Berlim, 1994.

Nelson Pereira dos Santos (ver *O amuleto de Ogum*)

"*A terceira margem do rio* é dividido em duas partes: o sertão roseanamente puro e o paraíso perdido das grandes cidades contemporâneas. Entre a beira do rio Paracatu e os bairros populares de Brasília, Nelson Pereira dos Santos dá novamente sua visão geral do Brasil, utilizando para isso referências que remetem a toda sua obra. Tem *Vidas secas* com os personagens do sertão sonhando em viver na cidade; tem *O amuleto de Ogum* do ponto de vista realista-fantástico da periferia urbana; tem *Rio 40 graus* e *Rio Zona Norte* na visão lírica dos personagens populares; tem *Azyllo muito louco* no tom delirante da narrativa. Mas o resultado dessa miscelânea da obra de Nelson, a mais importante do cinema brasileiro moderno, com a realidade atual é um filme ambíguo e, em alguns momentos, irregular, que reflete em parte esta verdadeira confusão mágica chamada Brasil (...)" Hugo Sukman

FAROFAS

Inspiração
Com este nome, o prato só poderia ser o produto da "fábrica" Casa de Farinha, uma farofa. Aqui vai uma dupla homenagem – a Beth Gameiro, cúmplice do cinema nacional (companheira de pesquisa) e autora da receita, e a Alvina Gameiro (*in memoriam*), nordestina, piauiense, poetisa e escritora, cronista dos usos e costumes desta inóspita região tão rica de valores nas congênitas raízes populares e tão pobre de reservas morais no conluio dos políticos que usam e abusam da boa-fé dos nordestinos que os mantêm (pelo voto) senhores de seus destinos.

O cinema brasileiro na cozinha

CASA DE FARINHA
(episódio do filme *Herança do Nordeste*)

"Os escravos saboreavam a farinha com rapadura, como fazem os sertanejos de todas as idades legítimas. Os romeiros nordestinos afrontam as jornadas longas com esse leve adminículo. Participa do farnel dos peregrinos ao Bom Jesus da Lapa no rio São Francisco farinha com açúcar ou pão com açúcar. Era provisão para caçadores. A caça fornecia o excedente."

R. Argentière

"Farinha pouca, meu pirão primeiro. O baiano tem razão. Ele não dispensa a farinha seja em pirão, farofa, angu ou mesmo seca. Arroz e macarrão são misturados com farinha pela maioria dos gastrônomos. Quem não pode fazer despesa com alimentação recorre à cabeça de carneiro, angu de farinha comido com molho de pimenta. Outro exemplo de prestígio da farinha é o mingau de café feito com farinha e café. Em suma, o baiano só come bem quando come farinha."

Hildegasdes Vianna

Sinopse
A farinha de mandioca, "pão do sertanejo", é o alimento básico do nordestino, e seu mercado natural são as feiras semanais, onde é vendida pelo pequeno produtor. Nas "casas de farinha", que raramente se localizam nas terras do lavrador, dá-se o processo familiar de ajuda mútua sem retribuição monetária.

Ficha técnica
D/R: Geraldo Sarno; F: Affonso Beato e Lauro Escorel; M: Eduardo Escorel; MU: Ana Carolina; SD: Sidinei Paiva Lopes; S: Rivaton, Riosom; DP: Sérgio Muniz; PE: Edgardo Pallero; P: Thomaz Farkas Filmes Culturais. Cor, 16mm, 13', 1969/1970, SP.

Premiação
Menção Honrosa do Júri — Festival Brasileiro de Curta-Metragem, *Jornal do Brasil*-RJ, 1971.

Geraldo Sarno (ver *Casa-grande & senzala*).

"A poesia não morre por sua vaidade. Quando parece esterilizar-se, adquire uma doçura como a sua. Temos nossas fontes nordestinas de criação. A questão é o tratamento que se dá a esses símbolos. Não lhe falta a magia poética. Quanto mais simples, mais atraente se revela a face oculta. É por isso que a poesia popular está recuperando o seu prestígio. Francamente, li com alegria seu belo poema 'Chico Vaqueiro do meu Piauí'." José Américo de Almeida, referindo-se à poesia de Alvina Gameiro

FAROFA DE BIJU

Ingredientes
1 kg de farinha de mandioca ou de biju
200 g de manteiga de leite
14 dentes de alho
sal a gosto

Preparo
Torrar primeiramente a farinha em uma frigideira grossa até ficar crocante e reservar. Na mesma frigideira, derreter a manteiga e colocar o alho bem amassado. Mexer bem, mas não o deixar dourar. Retirar do fogo e acrescentar a farinha e o sal e retornar ao fogo, mexendo por mais 2 minutos. Se a farinha estiver seca, colocar mais manteiga até ficar bem molhada.

FAROFAS

Inspiração
Pelo título e pelo contexto do conto e do filme, ambos obras-primas. Só uma farofa poderia traduzir a aridez desta família nômade e andarilha em busca da sobrevivência.

O cinema brasileiro na cozinha

VIDAS SECAS

"Há uma miséria maior do que morrer de fome no deserto, é não ter o que comer na terra de Canaã."

José Américo de Almeida

"A meu ver, todo o sistema de fatores negativos que entravam as forças produtivas da região é oriundo da arcaica estrutura agrária aí reinante. Todas as medidas e as iniciativas não passarão de paliativos para lutar contra a fome, enquanto não se proceder a uma reforma agrária nacional que liberte as suas populações da servidão da terra, pondo a terra a serviço de suas necessidades."

Josué de Castro

"À sua maneira, Nelson é mais fiel ao artista Graciliano do que o próprio escritor. Ele manifesta seu horror à crendice e à injustiça social, mas nunca através da revolta dos protagonistas. Estes morrem a cada instante, inconscientes, bebendo lama e comendo o pó dos caminhos."

Ely Azeredo — *Infinito cinema*

FAROFA DE CARNE-SECA

Ingredientes
1 kg de carne-seca
½ kg de toucinho sem pele
200 g de bacon
1 kg de farinha de mandioca
6 bananas-da-terra
500 g de couve cortada
6 dentes de alho
1 cebola

Preparo
Cortar a carne, o toucinho e o bacon em cubos. Deixar a carne de molho por 2 horas trocando a água regularmente. Fritar o toucinho e a carne juntos e no final acrescentar o bacon. Fritar 5 bananas em rodelas e 1 em tiras. Refogar a couve no alho e as ervas. Picar a cebola e o alho na carne frita. Adicionar a farinha, a banana e por último a couve. Mexer com garfo de madeira. Decorar com a banana frita.

Rendimento: 15 porções.

O cinema brasileiro na cozinha

Sinopse
Fabiano é o chefe de uma família típica do sertão nordestino: sua mulher, Sinhá Vitória, dois filhos, a cachorra Baleia e um papagaio. A mulher cuida da casa enquanto ele trabalha no campo. As crianças brincam com a cachorra, caçam ou ajudam os pais. Pressionado pela seca, ele se vê obrigado a abandonar sua terra. Em busca de sobrevivência, atravessam o sertão a pé. A fome cresce; qualquer coisa serve de alimento, até mesmo o papagaio. Chegam a uma casa abandonada e resolvem ficar, já que começam as chuvas. Fabiano encontra trabalho. Certo dia, a família vai a uma festa na cidade. Enquanto a mãe e os filhos acompanham a procissão, o pai participa de um jogo de cartas no bar. Trapaceado, reage, mas é preso e maltratado. Retorna, contido, para casa. Dias depois, reencontra o soldado que o humilhara. Em lugar de se vingar, deixa-o partir. A permanência ali se tornou insustentável. Durante a dura e longa caminhada que se inicia, Baleia, não resistindo, é sacrificada. A família segue em busca de sua própria subsistência. Baseado no conto homônimo de Graciliano Ramos.

Ficha técnica
DR: Nelson Pereira dos Santos; F: José Rosa e Luiz Carlos Barreto; M: Rafael Justo Valverde e Nello Melli; MU: Leonardo Alencar; P: L. C. Barreto, Hebert Richers e o diretor. P&B, 16/35mm, 103', 1963, RJ.

Elenco
Átila Iório, Maria Ribeiro, Jofre Soares, Orlando Macedo e as crianças Gilvan e Genivaldo Lima.

Premiação
Prêmio Ocic, Melhor Filme para a Juventude e Prêmio dos Cinemas de Arte e Ensaio — Festival Internacional do Filme de Cannes, França, 1964;
Melhor Filme na Resenha do Cinema Latino-Americano — Gênova, Itália, 1965.

Nelson Pereira dos Santos (ver O amuleto de Ogum)

"Quando as luzes se acendem, sobre a desolada última cena, todas as consciências estão intranqüilas. Vejam: eles não pedem nada de mais. Não querem as nossas fazendas, nem os nossos apartamentos, nem o nosso dinheiro, nem a nossa fé, nem a nossa liberdade. O que eles querem é apenas uma cama de couro, uma sombrinha, um vestido estampado, um par de sapatos,

comida e água. O nosso futuro está ameaçado na razão direta da nossa incapacidade de satisfazer essas necessidades mínimas (...) cabe ao cinema brasileiro, neste momento, revelar-nos a imensa tristeza nacional." José Carlos Oliveira

"Eu fazia um documentário para o Issac Rosemberg, que tinha um contrato com o Vale do São Francisco. Era eu e o Hélio Silva, em 1958, quando teve uma grande seca. E fomos para Juazeiro na Bahia e Petrolina (PE). Foi a primeira vez que eu vi retirante mesmo, flagelado. Eu fiquei apavorado vendo aquelas criancinhas comendo farinha. Por que eu sou um paulista pobre, mas bem de vida. Sempre tive a minha escolinha, meu pai me deu de comer direitinho para ir para a escola. Mas, de repente, encontrar aquilo tudo que eu já tinha lido do Jorge Amado, Graciliano, as imagens do Portinari, como diz Charlie Baiano, "ao vivo", fiquei emocionado e resolvi fazer um filme (...)." Nelson Pereira dos Santos

116

MOLHOS & PIMENTAS

Inspiração
Foi o título que determinou a escolha da receita. Por ser um artefato opcional, requer coragem e ousadia para desafiar os cânones do paladar.

PROVA DE FOGO

"As pimentas das mais variadas espécies usadas, as nativas das Índias e as trazidas pelos negros – a malagueta e a da Costa ou ataré, os pimentões –, são todas muito ricas em ácido ascórbico, dos mais ricos vegetais do mundo."
Josué de Castro

"Malagueta, usada nos Andes como remédio ideal contra os males gástricos, em particular no tratamento das úlceras."
Tarquinio Barbosa de Oliveira

MOLHO DE PIMENTA MALAGUETA

Ingredientes
250 g de pimenta-malagueta maduras
250 ml de azeite-de-dendê ou de azeite de oliva
12 dentes de alho (descascados)
12 sementes de pimenta-do-reino preta
2 folhas de louro
1 colher de sopa de ervas (mistas)

Preparo
Selecionar, lavar e deixar secar as pimentas. Retirar os talos. Depositá-las em um recipiente de vidro (de preferência de boca larga e tampa de cortiça). Acrescentar os dentes de alho (inteiros), os grãos de pimenta-do-reino, 1 colher de ervas, as folhas de louro e por último o azeite. Tampar o recipiente e guardá-lo por 60 dias ao abrigo da luz e do calor. Bater no liqüidificador com todos os ingredientes, coar e guardar em vidro. Usar em contagotas, pois o efeito é uma verdadeira prova de fogo.

O cinema brasileiro na cozinha

Sinopse

Mauro é um rapaz comum, esforçado, que vem do Nordeste para estudar e trabalhar no Rio de Janeiro. Traz de Alagoas, desde a infância, a vivência de situações estranhas, sensações irreais e perturbações que médicos e remédios não conseguiram curar. Aconselhado pela amiga Vanda, procura um centro espírita e sua mediunidade é confirmada. Mauro entusiasma-se com sua capacidade de incorporar entidades diferentes entre si: o viril Boiadeiro e a feminina Ciganinha. Passa a se dedicar às atividades do terreiro. Com a loucura da mãe-de-santo, ele busca um novo líder. João, experiente pai-de-santo, ocupa o lugar de novo líder no terreiro e introduz modificações. Sandra, iniciante nas atividades do terreiro, é promovida por João, que não esconde seu interesse por ela, ao cargo de mãe-pequena. Mas logo fica enciumado, ao perceber que ela gosta de Mauro/Boiadeiro.

Sandra decepciona-se quando Mauro incorpora a Ciganinha, com trejeitos femininos e vestindo saias coloridas. Mauro diverge da orientação de João e aceita apoio de um candidato político interessado nos votos dos umbandistas. O conflito com o pai-de-santo torna-se insustentável. A nova vida de Mauro contrasta com o trabalho no banco e o curso de Administração. Em conversas com Vanda, que o ama e respeita, toma uma decisão: após a formatura retornará à terra natal, dedicar-se-á às atividades religiosas, para depois se casar com ela e abrir seu próprio terreiro. Mauro, para espanto de seus colegas de escola e trabalho, realiza o seu ideal. Torna-se um pai-de-santo procurado e renomado, tendo como guia a sua Ciganinha, em seu próprio centro, ao lado da mulher e do filho.

Inspirado nos relatos de Nívio Ramos Sales

O cinema brasileiro na cozinha

Ficha técnica
D: Marco Altberg; R: Agnaldo Silva e o diretor; FC: Lauro Escorel; CF: Anísio Medeiros; M: Gilberto Santeiro e Raymundo Higino; MU: Edu Lobo; SD: Victor Raposeiro; P: Lucy Barreto. Cor, 35mm, 90', 1984, RJ.

Elenco
Pedro Paulo Rangel, Maitê Proença, Ivan de Almeida, Lígia Diniz, Elba Ramalho, Julciléa Telles, Helber Rangel, Roberto de Cleto, Carlos Wilson, Luís Antônio, Thelma Reston, Flávio São Thiago, Nelson Caruso, Marta Anderson, Yara Amaral, Lícia Magna, Ricardo Zambelli, Cláudio Corrêa e Castro, Hildegard Angel, Mário Borges, Henrique Cuckierman, Silvio Correia Lima, Marie Claude, Miguel Rosemberg, Marlene Figueiró, Fernando Reski, Joel de Souza e Marcelo da Costa.

Marco Altberg (Rio de Janeiro-RJ, 1953). Aos 16 anos, realiza suas primeiras experiências cinematográficas, produzindo, dirigindo, fotografando e montando filmes curtos, preto-e-branco, em 16mm. Em 1970, já participa do Festival JB com o filme *Pra início de conversa*. Desde então, engaja-se profissionalmente no cinema. Faz *still* de *Amor, carnaval e sonhos*, de Paulo Cézar Saraceni, trampolim para o Cinema Novo, onde trabalha com vários diretores: Cacá Diegues, Geraldo Sarno, Joaquim Pedro de Andrade, Eduardo Escorel, Mário Carneiro, Bubi Leite Garcia, Fábio Barreto, Carlos Reichenbach, José Alvarenga Jr., entre outros. Polivalente, já fez de tudo um pouco: fotografia de cena, continuísmo, assistência de direção, montagem, roteiro e produção. Participa, como membro brasileiro, da equipe que realizou dois documentários de longa-metragem para a TV Francesa sobre a rodovia Transamazônica.

Como presidente da ABD/RJ, luta intensamente pela regulamentação da lei de exibição do filme de curta-metragem. Foi conselheiro do Concine, diretor de Operações da Embrafilme, presidente da Abraci, vice-presidente da Indústria Cinematográfica-SNIC e representante dos produtores na Câmara Setorial do Cinema Audiovisual. Sintonizado com as leis e as políticas do mercado, está em todas as frentes: filmes publicitários, TVs (Globo e Manchete). É diretor do programa semanal *Revista do cinema brasileiro*, na TVE. É o autor do vídeo *O poder jovem* (história do movimento estudantil brasileiro).

"*Prova de fogo* é um filme brasileiro. Um desses filmes que não poderiam ter sido feitos em qualquer outro lugar do mundo. As frágeis almas colonizadas que abandonem as salas de espetáculos, porque *Prova de fogo* não é um bombom. Mais se parece com uma pimenta-malagueta". Leopoldo Serran

119

O cinema brasileiro na cozinha

SE SEGURA, MALANDRO

MOLHOS & PIMENTAS

Inspiração
Foi o título do filme, sugestivo e apropriado, que gerou esta receita picante e afrodisíaca.

"A pimenta é assim: pungente e picante. Evoca a brejeirice, lembra a cólera e o animal (homem ou bicho) fogoso e irrequieto. Provoca a saliva, traz arrepios e faz suar (...). Instiga o paladar, realça o sabor em qualquer língua."
Gourmet Internacional, ano I, n° 2

"As infusões com rum, cachaça, vodka e conhaque são fortes, ásperas, encorpadas. Contêm a alma da pimenta em seu estado mais puro, próxima do céu... ou do inferno. As misturas com vinho e vinagre são mais suaves, incorporam apenas a brejeirice do corpo da pimenta, apenas raspam o sabor da alma."
Gourmet Internacional, ano I, n° 2

Sinopse
Paulo Octávio comanda do alto de um morro carioca uma popular estação de rádio clandestina cujo *slogan* é "sorrindo se chega mais fácil ao meio do inferno". Sua única repórter, Caloi Volante, de bicicleta, cobre os acontecimentos cotidianos da metrópole: o ladrão Zapotek do crime, em uniforme de ginasta, assalta os transeuntes; Alcebíades, modesto burocrata que enlouquece no dia de receber um prêmio pelos trinta anos de funcionário exemplar e seqüestra o elevador da empresa, lotado. Enquanto os reféns pedem para sair, outros querem entrar, solidários com Alcebíades e liderados pelo presidente da Sociedade Brasileira de Neuróticos, que pede a regulamentação da classe; Candinho, jovem e rico economista, para merecer a gerência das empresas do pai, é obrigado a trabalhar como operário e viver numa favela com a esposa Jô. Envolve-se na construção de um banheiro público, mas volta para o mundo burguês, pressionado por Jô. Os emigrantes nordestinos Laurinha e Romão, noivos, enganam-se mutuamente: ele, ladrão de banheiro; ela, massagista e *striper*. Trabalhando juntos na devolução de cachorros roubados por eles, acabam enriquecendo. A polícia descobre a estação de rádio clandestina e prende o dono e a repórter. O choque entre o camburão e uma ambulância proporciona a fuga dos dois. Comédia satírica refletindo os dramas da metrópole.

O cinema brasileiro na cozinha

Ficha técnica
D: Hugo Carvana; R: o diretor, Armando Costa e Leopoldo Serran; F: Edgar Moura; C/Fl: Laonte Klawa; M: Eduardo Leão e Lael Rodrigues; MU: Chico Buarque, João Bosco, Aldir Blanc e Mário Lago; S: Roberto Mello Leite e Onélio Motta; P: Zoom Cinematográfica, Embrafilme, Trópico Cinematográfica, Alter Filmes, Sincro Filmes e Corisco Filmes. Cor, 35/16mm, 110', 1978, RJ.

Elenco
Hugo Carvana, Denise Bandeira, Cláudio Marzo, Luthero Luiz, Louise Cardoso, Paschoal Villaboim, Helber Rangel, Maria Claudia, Paulo César Peréio, Henriqueta Brieba, Wilson Grey, Antônio Pedro, Ivan e Vera Setta, Thelma Reston, José Dumont, André Villon.

Premiação
Prêmio São Saruê — Federação de Cineclubes do Rio de Janeiro, 1978; Melhor Ator Coadjuvante (André Villon) — Associação Paulista de Críticos de Arte, 1978; 2º Prêmio — Mostra do Atlântico — Festival de Cádiz, Espanha, 1981.

Hugo Carvana (Rio de Janeiro-RJ, 1937). Teve atuação de destaque na época do Cinema Novo em filmes marcantes como Os fuzis, de Ruy Guerra; Terra em transe e O dragão da maldade contra o santo guerreiro, ambos de Glauber Rocha; A grande cidade, de Cacá Diegues. Atuou em várias chanchadas e no cinema underground: O anjo nasceu, de Bressane; Ipanema adeus, de Paulo Roberto Martins; Tenda dos milagres, de Nelson Pereira dos Santos; Mar de rosas, de Ana Carolina; Avaeté, semente da vingança, de Zelito Viana. Foi no filme O capitão Bandeira contra o dr. Moura Brasil, de Antônio Calmon, que revelou sua verve de malandro carioca, incorporada a seus filmes de autor. Como ator, fez quase uma centena de filmes. Suas comédias são tipicamente cariocas. Além de dirigir, também atua em seus filmes, sendo dono de estilo próprio, tanto no cinema como na TV. Se segura, malandro — comédia satírica que reflete os pequenos dramas da população de uma grande cidade — funcionou involuntariamente como piloto da série de TV Plantão de polícia.

MOLHO DE PIMENTA-CUMARI

Ingredientes
200 g de pimenta-cumari
6 dentes de alho descascados
6 grãos de pimenta-do-reino branca
2 folhas de louro
6 paus de canela (médios)
azeite extravirgem
rum branco

Preparo
Tirar os cabinhos das pimentas, lavá-las em água corrente, escorrer e deixar secar (em ambiente ventilado). Flambar o pote de vidro (de boca larga) com um pouco de rum. Deixar esfriar tampado. Colocar o alho, o louro, a pimenta-do-reino e os paus de canela. Acrescentar as pimentas. Juntar o rum até completar um centímetro acima do sólido. Completar com o azeite de oliva até o limite do encontro com a rolha, que deverá vedar o pote. Deixar curtir por 2 meses em ambiente de pouca luz.
Obs.: Ponha uma boa música, sirva um bom aperitivo antes da refeição. No decorrer desta, olhe bem nos olhos dos convidados. Se eles estiverem chorando, é de emoção...

121

SOBREMESAS

Inspiração
A partir de uma antiga receita, bem típica da época, dei tratos a bola em uma delícia de bananas, bem ao gosto juvenil. Gostoso como um beijo de língua... gelado.

O cinema brasileiro na cozinha

BANANA SPLIT
(um filme para ser saboreado)

"A dificuldade enriquece a feitura do manjar, mas a continuidade banaliza qualquer exceção."

Sinopse
Estrada Rio-Petrópolis, verão de 1964. Cariocas sobem a serra em lambretas, Gordinis, Sincas Chambords e DKWs, disputando "pegas" e buscando aventuras na principal cidade de veraneio dos anos 1960. A classe média vive o delírio do sonho consumista. O assassinato de Kennedy e as agitações políticas pouco significam. Reunidos nas lanchonetes da cidade saboreando o banana split, a novidade do momento, adolescentes da terra, inquietos e esperançosos, preparam-se para o grande baile de formatura no Hotel Quitandinha e esperam ansiosos a chegada dos cariocas. Dourados de sol, ricos e independentes, finalmente estes chegam. No baile, as duas turmas encontram-se. Surgem os primeiros romances e os primeiros conflitos. Entre banhos de piscina no clube, sessões de cinema inesquecíveis, festas, *réveillon*, baile de carnaval, coisas acontecem. Disputas, adolescentes em plena descoberta do "beijo de língua", situações embaraçosas e hilariantes... Chega o fim do verão e, com ele, o fim da liberdade no país. Ney (da turma de Petrópolis) tem um sonho. Nenhum regime político ou problemas amorosos o impedem de correr atrás desse sonho.

Ficha técnica
D: Paulo Sérgio Almeida; A: Gilberto Loureiro e o diretor; R: Mário Prata e Flávio Moreira da Costa; F: Antônio Penido; C: Paulo Flaksman; M: Diana Vasconcelos; MU: Sérgio Saraceni e Sebastião Lacerda; TS: Cristiano Maciel; P: Roberto Bakker, Banana Split Produções, Arte e Ofício Produções e Embrafilme. Cor, 35mm, 99', 1986, RJ.

Elenco
Myrian Rios, Marcos Frota, André Felippe, Tássia Camargo, Felipe Martins, Mariana de Moraes, Anderson Müller, Roberto Bomtempo, Alexandra Marzo e Andréa Avancini. Atores convidados: Walmor Chagas e Otávio Augusto. Participações especiais: Paulo César Peréio, Tamara Taxman, Wilson Grey, Paulo Villaça, Rogério Fróes, Alcione Mazeo, Ângela Figueiredo, Zaira Zambelli, Thelma Reston e Tide de Lemos. Apresentando: Daniele Daumerie.

Paulo Sérgio Almeida (Petrópolis-RJ, 1945). Desistiu da faculdade de história para abrir um cineclube. É atraído pelo teatro (de Arena, Oficina e Teatro Jovem), pelo movimento estudantil, pela agitação cultural, por Tom e os tropicalistas Gil e Caetano, pela Cinemateca do MAM e, principalmente, pelo Cinema Novo. Desce a serra e, "sem lenço sem documento", lança-se na aventura e vivencia os acontecimentos. Nesse período, via Glauber e Flávio Moreira da Costa tentando lançar a revista *Mutirão*. A paixão pelo cinema superava tudo. Glauber já bradava: "Se existe Humberto Mauro, pode existir um bom cinema brasileiro". De 1964 a 1970, fez de tudo. Foi coordenador e publicitário da CN Promoções, empresa que projetou e lançou o Cinema Novo nos anos 1960. Trabalhou na produção de *Capitu* (1967), de Paulo Cézar Saraceni; *Jardim de guerra* (1968) e *Os 7 gatinhos* (1977), ambos de Neville d'Almeida; *Pecado mortal* (1969) e *Na ponta da faca* (1977), de Miguel Faria Jr.; *Ovelha negra* (1975), de Haroldo Marinho Barbosa, entre outros. Quando achou que era impossível fazer cinema no Brasil, foi para Nova York para ficar três meses e ficou um ano, que valeu por dez. Lá, trabalhou de auxiliar de garçon a *disc-jóquei*.

De volta ao Brasil, além de trabalhar na produção de filmes, passa a diretor-assistente de vários diretores: Neville — *A dama do lotação* (1975); Cacá — *Xica da Silva* (1975-1976); Luiz Fernando Goulart — *Marília e Marina* (1976); Paulo Thiago — *Batalha dos Guararapes* (1978); Jabor — *Eu te amo* (1980), entre outros. "O cinema começava a esquentar dentro de mim. Qualquer função me fascinava." Dirige o primeiro curta, *Dá-lhe Rigoni*, e participa do Festival JB/79. *Banana split*, realizado depois de 22 anos de estrada, traz reminiscências autobiográficas.

O cinema brasileiro na cozinha

"(...) Com essa obsessão em ser independente, as mulheres ficaram menos românticas e os homens menos cavalheiros. Sinto que os homens estão cada vez menos à vontade para mandar flores, puxar cadeira, abrir porta do carro, etc., freados pela atitude de busca de independência das mulheres." Myrian Rios

"(...) Foi uma experiência linda em minha vida. Aprendi tudo sobre cinema e pela primeira vez participei de uma equipe verdadeiramente integrada. Quando vi o filme pronto, pude constatar que todo o nosso trabalho estava lá. Banana split foi além da expectativa." Marcos Frota

"(...) Gostei muitíssimo de fazer a música do filme e depois vê-lo pronto. É um filme que fala da minha praia. Eu sou um deles. Eu fiz parte da turma da Tijuca, que, guardadas as devidas proporções, é a mesma coisa que a turma de Petrópolis do filme." Erasmo Carlos

"(...) Acho o medo o pior inimigo do ser humano, sobretudo do artista. Parece um bichinho que vai roendo tudo discretamente, e, quando você vê, deixou de viver a vida. Sempre que tenho medo, assim como a Laura do filme, eu encaro de frente, mergulho de cabeça. Se você pensar muito, você pára. Se você pára, já aconteceu." Mariana de Moraes

GELADO DE BANANA

Ingredientes
12 bananas-prata maduras (médias)
200 g de biscoito champanhe
2 xícaras de açúcar refinado
1 xícara de água
1 lata de leite condensado
1 lata de creme de leite
½ l de leite
3 ovos
casca ralada de uma laranja

Preparo
Descascar as bananas e cortar em rodelas. Passá-las no espremedor, acrescentar 250 gramas de açúcar e levar ao fogo, mexendo sempre até dar o ponto (desgrudar do fundo da panela). Fazer uma calda caramelizada com 1 xícara de açúcar e 1 xícara de água. Despejá-la no pirex, espalhar e cobrir esta calda com o doce de banana. Molhar os biscoitos no leite com cuidado — estes têm de ficar inteiros — e arrumá-los por cima do doce. Levar ao fogo brando uma lata de leite condensado, a mesma medida de leite, 3 gemas e mexer até engrossar. Quando o creme estiver frio, despejá-lo sobre os biscoitos. Colocar o creme de leite no congelador por meia hora. Bater as claras em neve, adicionar 5 colheres de açúcar e o creme de leite. Continuar batendo até formar uma consistência sólida e despejá-la sobre o creme. Polvilhar com casca de uma laranja ralada. Cobrir com papel alumínio, levar ao congelador e esperar endurecer. Retirar e decorar conforme sua imaginação.

Rendimento: 10 pessoas.

SOBREMESAS

Inspiração
O título e o tema do filme são perfeitos. Juntei a mixórdia das áreas culturais e transformei em receita esta miscelânea de elementos degustativos. Geléia Geral é isto: "a mistura que satisfaz".

O cinema brasileiro na cozinha

GELÉIA GERAL

"De todos os alimentos, a fruta é o mais delicioso ao sabor, o mais agradável ao olfato e o mais requintado na forma. Seu aroma atraente e seu suco apetitoso e refrescante, aliados ao açúcar, às vitaminas, aos sais minerais e aos ácidos, nela contidos em abundância, asseguram-lhe um lugar de destaque na alimentação."

Alfons Balbach

GELÉIA DE FRUTAS

Ingredientes
200 g de abacaxi
200 g de amora
200 g de cereja
200 g de goiaba
200 g de groselha
200 g de maçã
200 g de morango
200 g de pêra
200 g de uva
1 kg de açúcar
cravos-da-índia

Obs.: Ou as frutas que preferir.

Preparo
Descascar o abacaxi, as goiabas, as maçãs e as peras (retirando destas os caroços), fatiar e pesar. Lavar as amoras, as cerejas, as groselhas, os morangos e as uvas e pesar. Para cada espécie de frutas, acrescentar 200 ml de água e cozinhá-las separadamente. Passar no espremedor as amoras, as cerejas, as goiabas, as groselhas, as maçãs, os morangos e as peras. No liqüidificador, bater o abacaxi e as uvas separadamente. Despejar todas as frutas em uma panela, acrescentar o açúcar e cravos-da-índia. Levar ao fogo brando e mexer com colher de pau. Ao iniciar a fervura, cobrir o recipiente, retirando só metade da tampa para mexer (muito cuidado, pois a fervura faz espirrar o conteúdo da geléia). Ferver por 20 minutos, deixar esfriar e guardar em compoteira. Servir com bolachas, pães ou queijo (substituindo a goiabada).

Rendimento: 20 pessoas.

O cinema brasileiro na cozinha

Sinopse
O filme aborda a atividade cultural nos mais diversos setores: música, teatro, literatura, cinema, artes plásticas, discutindo principalmente o papel do Estado e a relação do produto cultural com o público. Felipe Pinheiro, no papel de repórter, é o fio condutor do filme. Entrevista produtores culturais ao mesmo tempo que contracena com Pedro Cardoso no papel de um artista que tenta obter financiamento para seu projeto.

Ficha técnica
D: Sandra Werneck; R: José Joffily, a diretora e Eliana Dutra; FC: Walter Carvalho; M/E: Aída Marques; SD: Zezé D'Alice; MU: David Tygel; P: Hilton Kauffmann. Cor, 16mm, 25', 1986, RJ.

Elenco
Felipe Pinheiro e Pedro Cardoso.

Premiação
Melhor Trilha Sonora – Rio-Cine Festival – 1986.

Sandra Werneck (Rio de Janeiro-RJ, 1951). Estréia no cinema como documentarista, retratando a migração nordestina, travestis, prostituição infantil, presidiárias, extermínio de menores. Seus enfoques sempre trazem uma reflexão sobre o mundo dos excluídos. Seu primeiro longa-metragem — *Pequeno dicionário amoroso* — é uma tragicomédia sobre o relacionamento humano com pitadas de refinado humor. Foi assistente de direção em *Luz Del Fuego*, de David Neves, coordenadora de produção de *O sonho não acabou*, de Sérgio Rezende, e produtora associada de *Fala Mangueira*, de Fred Confalonieri. Roteirista e diretora de cinema, vídeo e TV.

"As situações cômicas dos quadros ficcionais têm contraponto crítico nos depoimentos de Fernanda Montenegro, Gilberto Gil, Antônio Calado, Rubens Gerschman, Luiz Carlos Barreto e Glauber Rocha (este em material de arquivo) (...)." Sandra Werneck

"(...) Os engenheiros dos alimentos, mágicos da persuasão sutil, criam os produtos de maneira a atingir o maior número possível de nossos sentidos. (...)" Diane Ackerman

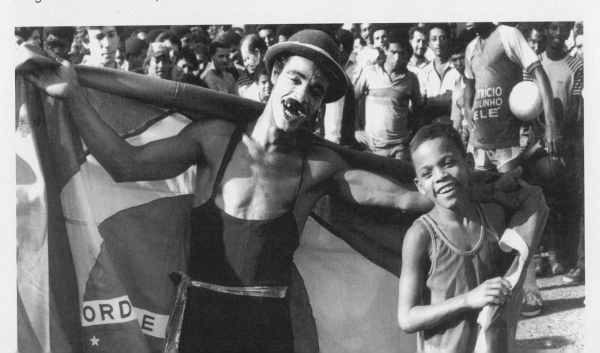

SOBREMESAS

Inspiração
Neste, foi tão-somente o título — *Romance*, que lembra maçã do amor, fruta que até a Bíblia imprime no seu dogma filosófico-cristão como a inserção do pecado, que nesta receita se traduz na gula — um dos sete pecados capitais. O conteúdo do filme não condiz com a delícia da sobremesa, ao contrário, são a angústia e o desconforto psicológico que imperam.

O cinema brasileiro na cozinha

ROMANCE

"O perfume, o sabor e a aparência da maçã são tão atraentes que a fruta encarna, através dos milênios da história humana, a própria tentação. Essa fruta de sedução é mais antiga do que a história registrada em escrita. Sempre serviu de símbolo para definir emoções, sensações, inspirar poetas e cientistas. O físico e matemático Isaac Newton, ao observar a queda do fruto de uma árvore, pressentiu a pista para a descoberta das leis da atração universal. Acabou pagando o pato na história contada pela Bíblia."

Rita Pimenta — *O fruto proibido*

MAÇÃ RECHEADA

Ingredientes
6 maçãs vermelhas
50 g de nozes picadas
50 g de amendoim (torrados e picados)
50 g de passas
100 ml de mel
100 ml de suco de groselha vermelha
folhas de hortelã

Preparo
Tirar os talos das maçãs e lavá-las bem, enxaguando-as com água de limão. Perfurá-las nas extremidades e retirar os caroços e os miolos. Aferventá-las ligeiramente em 1½ xícara de xarope de groselha. Deixar esfriar. Fazer uma pasta com as nozes, o amendoim, as passas e 1 xícara do mel. Com essa mistura, rechear as maçãs. Preparar uma calda com o restante do mel e o suco da groselha. Fazer pequenos furos nas extremidades superiores das maçãs, colocando nos furos cravo e folhas de hortelã. Untar as maçãs com a calda, arrumando-as em recipiente aberto. Em seguida, despejar a calda restante (tendo o cuidado de não atingir as folhas). Servir geladas.

Rendimento: 6 pessoas.

O cinema brasileiro na cozinha

Sinopse
É um filme político fora da tradição engajada, que, no Brasil, se repete na fórmula de "contar uma história e passar uma mensagem". *Romance* faz um inspirado casamento entre a força imediata da denúncia e a inteligência do cinema de invenção. O filme segue os passos de um intelectual de esquerda que teve morte misteriosa no momento em que terminava um livro denunciando um suposto negócio internacional que envolvia autoridades políticas.

Ficha técnica
D/P: Sérgio Bianchi; R: Fernando Coni Campos, Mário Carneiro, Suzana Semedo e o diretor; F: Marcelo Coutinho; M: Marília Alvim; TS/MO: Grupo Chance. Cor, 35mm, 103', 1988, SP.

Elenco
Rodrigo Santiago, Imara Reis, Isa Kopelmann, Hugo Della Santa, Cristina Mutarelli, Sérgio Mamberti, Beatriz Segall, Maria Alice Vergueiro, Elke Maravilha, Ruth Escobar, Emílio de Biasi, Cláudio Mamberti, José Rubens Chachá.

Premiação
Melhor Diretor, Melhor Atriz (Imara Reis), Melhor Atriz Coadjuvante (Isa Kopelmann) — XXI Festival de Brasília do Cinema Brasileiro, 1988; Um dos dez melhores filmes do ano — Associação de Críticos do Rio de Janeiro e a crítica especializada do jornal *O Estado de S. Paulo*, 1988; Troféu "Gralha Azul" — Melhor Filme do ano — Federação Paranaense de Cineclubes – 1988; Melhor Longa-Metragem ex-aequo no 5º Festival Internazionale di Film con Tematiche Omosessuali – Turim, Itália, 1990.

Sérgio Bianchi (Ponta Grossa-PR, 1945). Radicou-se em São Paulo a partir de 1969. Em 1970, faz crítica de cinema para a *Folha da Tarde*. Organizador das mostras Semana de Cinema de Animação e Festival Fritz Lang (ambas em Curitiba — 1968); Geração 68 e Cinema Paulista de 1968 a 1979 (ambas para o Sesc/SP). Ator e assistente de produção em *Lance maior*, de Sylvio Back; assistente de direção em *Compasso de espera*, de Antunes Filho; *Uma mulher para sábado*, de Maurício Rittner; *Bexiga, ano zero*, de Regina Jehá; *O jogo da vida e da morte*, de Mário Kuperman. Sua obra já esteve em evidência em várias mostras: *Cine Luz*, em Curitiba; *Cinema São Paulo – "Um Diretor na Tela"*; e *Ciclo Visões do Autor* (as duas últimas em São Paulo). No documentário ou na ficção é um diretor inquieto e instigante. Cineasta, roteirista, produtor, crítico, fotógrafo, co-montador da série *Gesto Criador*, de Olívio Tavares de Araújo. Atuante no teatro, na ópera e na moda (criação e direção da marca Ellus – Fashion Show – RJ – 1978). Ator e diretor premiado, recebeu entre outros o título "Bicho do Paraná", concedido às 100 personalidades que mais se destacaram no estado em 1988.

"Todos os personagens de *Romance* são seres solitários, incapazes de se relacionar de maneira mais coletiva, outro reflexo do modo de vida brasileiro atual."

"*Romance* tenta despertar as pessoas para a situação de falência geral que vivemos. O personagem Antônio César é dialético, não é nem o bonzinho, nem o vilão, é complexo e rico em nuances." Imara Reis

"Sérgio Bianchi consegue, com uma maestria de fazer inveja, unir os desesperos individuais de suas personagens com o desespero nacional. O diretor mostra, de quebra, que o cinema brasileiro pode ser feito de uma maneira definitiva, madura, explícita e completa." Alexandre Ribondi

"Eu escolhi *Romance* porque ele quebra muitos tabus. Sérgio Bianchi combina duras críticas à sociedade com provocação sexual, e isso torna *Romance* um filme que mexe com o espectador." Klaus Elder – Festival de Munique

SOBREMESAS

Inspiração
O título do filme *Sonho de valsa* em forma de bom-bom está no inconsciente coletivo, arraigado no imaginário infantil e adulto. O filme é uma parábola, misto de inteligência e perspicácia, psicológico-emocional. "O Sonho" está na busca; a "Valsa" é a realidade metafórica e visceral do bicho homem.

O cinema brasileiro na cozinha

SONHO DE VALSA

"Uma das sedes da nostalgia da infância, e das mais profundas, é o céu da boca. (...) é no fundo da alma que devemos pesquisar o mistério de nossas inclinações culinárias."

Carlos Drummond de Andrade

SORVETÃO

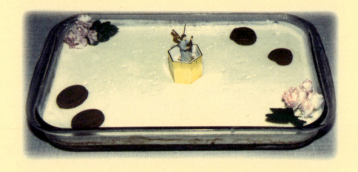

Ingredientes
5 colheres de açúcar (calda caramelizada)
5 colheres de Nescau
½ copo de água
1 lata de leite condensado
1 lata de creme de leite
1 lata de leite de vaca (mesma medida do leite condensado)
4 ovos
6 colheres de açúcar
2 colheres de amendoim (triturado)
1 colher de canela em pó
2 colheres de nozes (trituradas)

Preparo
Levar ao fogo brando 5 colheres de açúcar, mexendo sempre. Quando começar a virar um melado, acrescentar 5 colheres de água e mexer até formar uma calda. Com esta calda, caramelizar uma forma ou pirex e deixar esfriar.
Calda de Nescau: em uma panela, colocar 5 colheres de Nescau com 1/2 copo de água e levar ao fogo. Quando levantar fervura, apagar o fogo e deixar esfriar.
Creme amarelo: 1 lata de leite condensado, a mesma medida de leite de vaca e 4 gemas. Mexer até dissolver as gemas. Levar ao fogo e esperar levantar a fervura por 2 vezes consecutivas. Retirar do fogo e esperar esfriar.
Chantilly: bater as 4 claras em neve, acrescentar 6 colheres de açúcar refinado e o creme de leite previamente congelado.
Montagem: 1ª camada, calda de Nescau, 2ª camada, creme amarelo, 3ª camada, chantilly.
Obs.: entre a 1ª e a 2ª camadas, polvilhar com amendoim. Entre a 2ª e a 3ª camadas, polvilhar com canela em pó. Fazer a cobertura com as claras. Polvilhar esta com as nozes trituradas. Cobrir com papel alumínio e levar ao congelador por 6 horas. Quando a consistência estiver endurecida retirar e decorar. Use a criatividade ou a imaginação para fazer deste sonho a sua valsa.

Rendimento: 10 pessoas.

O cinema brasileiro na cozinha

Sinopse
O amor que eu tenho pelo meu amor que ainda não tenho. Entendeu? Esta é Tereza começando seu "sonho de valsa". Uma linda mulher, seus 30 anos e suas fantasias. A cruz que carrega no peito tem a marca do pai, seu primeiro amor. E o desejo que esconde no peito atinge todos os homens. Entre eles Tereza caminha sentindo-se cada vez mais abandonada, cada vez mais sozinha. Tereza deseja o amor. Os homens desejam Tereza. Um ex-namorado, um pretendente, um amigo do pai e até seu irmão... Tereza deseja o amor. E a cruz que carrega tem a marca de todos os homens que a desejaram. Obrigada, homens da minha vida, pelo amor que me puderam dar e que eu achei sempre pouco! T e r e z a reencontra cada um deles no mesmo lugar, todos em imagem sem nenhuma semelhança. E com a fé que lhe resta, avança...

Liberta-me! / Fazei Senhor com que eu me deixe amar, amando. / Estilhaços! / Estilhaços do passado. / Estilhaços da lembrança... / Assim Tereza encontra o amor. / O amor próprio. / O próprio amor. / Vai, vai procurar o seu "sonho de valsa". / Nada te espante, nada! / Tudo passa.

Ficha técnica
A/R/D: Ana Carolina; F: Rodolfo Sanches; C: Carlos Liuzi; FI: Cristina Bernardes; M: Ademir Francisco e Paulo Souza Mattos; MU: Milton Nascimento, Ravel, Strauss e Mendelsson; PE: Cacá Diniz; P: Crystal Cinematográfica Ltda, Ueze Zahran, Embrafilme S.A. Cor, 35mm, 99', RJ.

Elenco
Xuxa Lopes, Ney Matogrosso, Daniel Dantas, Arduíno Colassanti, Paulo Reis, Ricardo Petraglia, Cristina Pereira e Stela Freitas.

129

Premiação
Hors Concours — Festival de San Sebastian, Espanha, 1987.

Ana Carolina (São Paulo-SP, 1946). Nascida Ana Carolina Teixeira Soares, cursou as faculdades de Medicina, Ciências Sociais e a Escola Superior de Cinema São Luís, todas em São Paulo. Walter Hugo Khouri foi seu iniciador na área cinematográfica. Foi continuísta em *As amorosas*. Em 1967, dirige seu primeiro curta, *Lavra-dor* (análise poética do sindicalismo rural do Estado de São Paulo a partir de trechos do poema "Lavrador", de Mário Chamie), em co-direção com Paulo Rufino. Radicada no Rio de Janeiro, a partir de 1964 constitui com Jorge Duran e Murilo Salles a Crystal Cinematográfica Ltda. Após dirigir oito curtas e um longa-metragem, *Getúlio Vargas*, todos documentários de cunho sociológico e político, envereda pelos meandros da psicologia. "Minha entrada no cinema se deu através do social, da realidade brasileira, da esperança da minha geração poder interferir econômica, social e culturalmente no processo brasileiro. Hoje, vejo com clareza que aquilo era uma 'coisa de juventude'. Eu não tinha vocação para a militância. Era uma coisa construída entre o mundo e eu para que me fosse possível existir. Talvez até tivesse vingado, se este país fosse uma nação, no sentido de ser capaz de capitalizar nos jovens o impulso, o desejo e até sua autopreservação, conseguindo com isso transformar o indivíduo num cidadão com contribuições a dar. Assim, o indivíduo chegaria à maturidade com a noção de contribuição e não a deformação de usurpar e/ou pagar. (...)."

Em 1977, dirigiu o documentário *Nelson Pereira dos Santos saúda o povo e pede passagem* (em parceria com alunos da UFF), no qual registra aspectos da vida e da obra do cineasta.

Sua trilogia — *Mar de rosas*, *Das tripas coração* e *Sonho de valsa*, enfoca o universo feminino em três estágios de vida: a criança, a adolescente e a mulher adulta. Em cada uma delas constrói personalidades hilárias, trágicas, absurdas, mórbidas e até cruéis, enfocando e refletindo as relações sociais e autoritárias da sociedade entre pais e filhos, mestres e alunos, homens e mulheres.

Com seis longas muito pessoais, além de vários curtas premiados, Ana Carolina está para o cinema brasileiro como Clarice Lispector está para a literatura, ou como Adélia Prado está para a poesia. É autora de uma obra especialíssima, sem precedentes. É possível criticá-la. Negá-la, jamais.

"De repente, quando eu fiz o meu primeiro longa, *Getúlio*, percebi uma série de coisas. Percebi que, à medida que eu falo com paixão do meu país, vou acabar em mim mesma, na minha paixão. Esse filme foi para mim a porta para o meu interior. Hoje eu o considero a minha chave para a psicanálise brasileira. Para mim era impossível, depois de *Getúlio*, permanecer no Brasil sem passar por dentro de mim para voltar ao Brasil. Por isso era inevitável a trilogia *Mar de rosas*, *Das tripas coração* e *Sonho de valsa* (...)."

"(...) Eu acho que, do ponto de vista físico e operacional, cinema é coisa para homem. Homens assim como eu."

"(...) Meu interesse pelo meu trabalho é total. Eu estarei virgem de novo depois de acontecer a explosão, a hemorragia. Estarei virgem de novo para o próximo projeto."

"(...) o filme que você tem na cabeça não é o filme que você escreve; o filme que você escreve não é o filme que você faz; e o filme que você faz não é o filme que o espectador vê. Esse tipo de traição faz parte do processo criativo. É a interpretação de cada etapa. Traição tem tudo a ver com razão." Ana Carolina

O cinema brasileiro na cozinha

As ervas acompanham o homem desde suas origens. A Bíblia cita-as muitas vezes. Gregos e romanos diziam que eram presentes dos deuses dados aos homens para aliviá-los de seus males.

"É na alquimia da cozinha que os temperos resgatam do cotidiano uma festa de sabor e cheiros."
Jezebel Salem

AS ERVAS E OS TEMPEROS NA MEDICINA DOMÉSTICA

AÇAFRÃO (*Crocus sativus, Crocus officinalis*) — Planta herbácea, bulbosa. Valor terapêutico: é empregado no caso de asma, coqueluche, histeria, bem como nos de cálculos renais, do fígado e da bexiga.

AGRIÃO-DO-PARÁ (*Spilanthes oleracea*) — Jambu, jambu-açu. Valor terapêutico: anemia e dispepsia.

ALCAPARRA (*Capparis spinosa*) — Valor terapêutico: antiespasmódico, aperitivo, detergente, diurético, tônico.

ALECRIM-DE-JARDIM (*Rosmarinus officinalis, Hortensis latifolius*) — Valor terapêutico: debilidade cardíaca, gases intestinais, inapetência, tosse, etc.

ARICURI (*Cocos coronata*) — Ouricuri, Nicori... Valor terapêutico: o suco do coco verde espremido tem aplicação na cura da oftalmia; seco, sua amêndoa (batida no liqüidificador) dá um leite mais consistente que o do coco-da-baía, que é largamente usado na culinária.

BARBATIMÃO (*Stryphnodendrom barbatimão, Mimosa virginalis, Acacia adstringens, Acacia virginalis*) — Valor terapêutico: afecções escorbúticas, blenorragia, diarréia, hemorragia, depurativo tônico (cascas).

BELDROEGA (*Portulaca oleracea*) — É bem parecida com a flor onze-horas, sendo esta bem miudinha, insignificante em relação à outra. Valor terapêutico: eficaz contra as afecções do fígado, da bexiga e dos rins. Cozida, é diurético e aumenta a secreção do leite. O suco cura inflamações dos olhos. Talos e folhas (machucados) aplicados sobre queimaduras aliviam a dor. Cicatrizante. Na culinária, é usada em saladas e ensopados.

BERTALHA (*Basella rubra*) — Comestível como o espinafre. Valor terapêutico: refrescante.

CANELA (*Cinnamomum zeylanicum nees*) — Valor terapêutico: tônico, estimulante, antiespasmódico, anti-séptico. Usada no tratamento de gripes, resfriados e dores abdominais.

CARURU (*Amarantus flavus*) — Suas folhas e talos são usados em saladas. Valor terapêutico: afecções do fígado.

CATUABA (*Erythroxylum catuaba, Juniperus brasiliensis*) — Pau-de-resposta. Valor terapêutico: revitaliza o sistema nervoso.

CEBOLINHA (*Allium fistulosum*) — Substituta da cebola na culinária. Valor terapêutico: antiescorbútico, calmante, cicatrizante, diurético, estimulante.

COENTRO (*Coriandrum sativum*) — Valor terapêutico: é hábito entre os árabes usá-lo como planta aromática e medicinal. Antiespasmódico, anti-séptico, carminativo e estimulante.

COMINHO (*Cominum cyminum*) — Valor terapêutico: combate os gases do estômago e intestinos e favorece a ação digestiva. Carminativo, digestivo, suforífico.

CRAVO-DA-ÍNDIA (*Caryophyllus aromaticus*) — Valor terapêutico: o óleo do cravo acalma a dor de dente. É um excelente aroma para condimentos.

CUMARI (*Capsicum fructescens, Cumarim*) — Valor terapêutico: útil no combate às anginas (folhas/gargarejo), em lavagens intestinais e contra as hemorróidas.

DAMIANA (*Turnera diffusa*) — Valor terapêutico: estimulante tônico para os nervos, diurético, contra a impotência, o diabetes, a malária e as paralisias.

DENTE-DE-LEÃO (*Taraxacum officinale, Dens leonis, Leontodon taraxacum*) — Valor terapêutico: depurativo do sangue, contra a congestão hepática e icterícia. Salada saudável (folhas novas).

ERVA-CIDREIRA-VERDADEIRA (*Melissa officinalis*) — Valor terapêutico: afecções gástricas e nervosas, câimbras intestinais, dores de cabeça, dores reumáticas, flatulências, má circulação do sangue, resfriados, vertigens, etc.

ESTRAGÃO (*Artemísia dracunculos*) — Valor terapêutico: diurético, estimulante do apetite.

GENGIBRE (*Zingiber officinalis*) — Valor terapêutico: atonia do estômago, cólicas flatulentas, rouquidão, bronquite, asma.

GERGELIM (*Sesamum indicum*) — Valor terapêutico: o óleo extraído das sementes é útil nas queimaduras e na dor de ouvido. Empregado contra cólicas abdominais.

GIRASSOL (*Helianthus annuus*) — As sementes dão farinha para pão. Torradas, substituem o café. Comprimidas, obtém-se o óleo para fins culinários, etc. Valor terapêutico: amassadas, empregam-se topicamente em contusões, esfoladuras, golpes, feridas e úlceras. "O café que se prepara das sementes tostadas é bom contra as enxaquecas e as dores nervosas da cabeça" — Dr. Leo Manfred.

GUABIROBA (*Myrtus mucronatus*) — Valor terapêutico: contra a diarréia mucosa.

HORTELÃ (*Mentha piperita*) — Valor terapêutico: alivia doenças das vias respiratórias e os efeitos dos gases estomacais, cólicas uterinas.

HORTÊNSIA (*Hydrangea hortensia*) — Valor terapêutico: aplicação nas afecções vesicais.

INHAME-BRANCO (*Dioscorea dodeca-neura*) — Valor terapêutico: as batatas costumam ser empregadas como antidiabéticas e cardiotônicas, recomendadas para afecções da pele e reumatismo.

INHAME-TAIOBA (*Colocasia antiquorum*) — Rizoma e folhas comestíveis. Valor terapêutico: "O uso habitual dos tubérculos (...) mal descascados e pouco cozidos, passa por melhorar muito o estado dos doentes de lepra tuberculosa" — Paul Le Cointe.

JATOBÁ (*Hymenaea coubaril*) — Valor terapêutico: cistite aguda ou crônica, bronquite, tosse, etc. (cascas e resinas).

JURUBEBA (*Solanum paniculatum, Belfort*) — Valor terapêutico: diurético, combate a icterícia e a inflamação do baço e do fígado. Tônico (usam-se os frutos).

LIMOEIRO (*Citrus limonum*) — Valor terapêutico: combate as seguintes enfermidades, entre outras: acidez da boca e do estômago, acne, adiposidade, afta, arteriosclerose, alcoolismo, amigdalite, artritismo, asma, beribéri, blenorragia, bócio, câimbra, cirrose, conjuntivite, diabetes, dor de cabeça, enxaqueca, epilepsia nervosa, faringite, gengivite, inapetência, insônia, obesidade, reumatismo, rouquidão, sinusite, tuberculose, úlceras gástricas, urticária, etc.

LOSNA (*Artemisia absinthium*) — A erva dos vermes. Valor terapêutico: catarros, cólicas, diarréia, envenenamentos, mau hálito, menstruação dolorosa e outros. A cura com chá de losna é benéfica para: estômago, fígado, rins, bexiga e pulmões.

LOURO (*Lauros nobilis*) — Valor terapêutico: amenorréia, dispepsia, nevralgia, reumatismo e úlceras. Usada na alimentação como tempero, condimento.

MALAGUETA (*Piper rubra, Capsicum brasilianum*) — Valor terapêutico: o suco do fruto misturado com farinha (cataplasma de efeito repulsivo) é usado em casos de meningites e congestões cerebrais (acompanhamento médico). As folhas machucadas e misturadas com azeite ajudam a rebentar tumores. Aplicação tópica.

MEL (Melle) — Segundo o *Dicionário Aurélio*, substância doce e elaborada pelas abelhas, do suco das flores, e por elas depositada em alvéolos especiais. Rico em calorias, vitaminas e sais. Seu emprego na medicina data da remota Antigüidade. Diurético, laxante, calmante, emoliente, desinflamante, anti-séptico, alcalinizante, peitoral, depurativo do sangue, tônico para o cérebro, contra anemia, câimbra, gota, insônia, prisão de ventre, inapetência e inúmeros distúrbios do organismo. Graças à sua versatilidade, pode ser usado de inúmeras maneiras, combinado com alimentos, frutas e bebidas.

ORÉGANO (*Origanum vulgare*) — Valor terapêutico: antiespasmódico, anti-séptico, expectorante. Recomendado para distúrbios estomacais.

PIMENTA — A pimenta deve ser tratada de maneira séria com o respeito que merece pelos seus dotes e pelas conseqüências que pode oferecer aos desavisados. As regras básicas exigem potes de vidro de boca larga, vinho, vinagre, álcool cereal, azeite de boa qualidade e rolhas de cortiça. As infusões com rum, cachaça, vodka e conhaque contêm a alma da pimenta em seu estado puro, próximo do céu ou do inferno. Com vinho e vinagre são mais suaves, incorporam a brejeirice. No álcool — feijoadas, sarapatéis e moquecas. No vinho e vinagre — cozidos, carnes leves e peixes. Dentes de alho, louro, cominho, canela — curtição de um mês a um ano. Pouca luz, pouco movimento são fundamentais para minar a pimenta em sua gestação de tempero.

PIMENTA-DO-REINO (*Piper nigrum*) — A mais antiga e preciosa das especiarias. Na Idade Média, era negociada a preço de ouro. Valor terapêutico: em pequenas doses, é estimulante das funções digestivas.

PRÍMULA (*Primula officinalis*) — Valor terapêutico: bronquite, pneumonia, depurativo do sangue, calmante. A raiz é eficaz contra as pedras da bexiga e dos rins. As folhas são usadas em saladas.

SÁLVIA (*Salvia officinalis*) — Valor terapêutico: regulariza as funções digestivas. É cicatrizante e estimulante.

SAPUPIRA (*Sucupira*) (*Bowdichia major*) — Valor terapêutico: as sementes em infusão são usadas como depurativo, contra reumatismo, artrite, eczema, úlceras, etc.

TAIOBA (*Arum esculentum*) — Valor terapêutico: a raiz ralada promove a cicatrização das úlceras. As folhas são comestíveis.

TATUABA-VERDADEIRA (*Anemopaegma mirandum*) — Considerada a catuaba-verdadeira. Valor terapêutico: tônico nervino (casca e raiz).

UMBURANA (*Bursera leptophleos*) — Valor terapêutico: tônico é útil nas afecções da bexiga.

URUCU (*Bixa orellana*) — Colorau (condimentos). Valor terapêutico: as sementes são usadas como expectorante. Utilizada em afecções do coração.

VINAGREIRA (*Hibiseus sabdariffa*) — O caruru-azedo. As folhas são usadas na alimentação. O cálice é empregado para fabricar geléias e bebidas refrescantes com sabor de groselha. Valor terapêutico: contra o escorbuto e a estomatite.

O cinema brasileiro na cozinha

"Saiba sempre o médico que todo fármaco que passa ao sangue é um veneno; portanto, prejudica e lesiona o organismo enquanto não o elimina."

Banhuelos – Manual de terapêutica clínica

AS HORTALIÇAS NA MEDICINA DOMÉSTICA

ABÓBORA (*Cucurbita pepo*) — Também chamada jerimum do norte e nordeste. Destaca-se pela riqueza em pró-vitamina A, fósforo, cálcio e ferro. Além do grande valor alimentício, todas as suas partes, das folhas à semente, têm grande valor medicinal.

ACELGA (*Beta vulgaris*) — Folhas ricas em vitaminas A, B e C e sais minerais. Saladas: desinflama os nervos, vigoriza o cérebro e fortalece o estômago. Uso medicinal das sementes à raiz. Sua quota de ferro só é suplantada pela mostarda.

AGRIÃO (*Nasturtium officinale*) — Rico em vitaminas A, B e C, ferro, cobre e iodo. Possui cinco vezes mais ferro do que a couve, a alface, o salsão e o espinafre. Saladas, sucos, sanduíches, aves e carnes (cozidas), panquecas e sopas. O principal valor nutritivo está nos talos. Uso medicinal: enfermidades do fígado, dos rins, da pele, reumatismo, coração, nervos, bronquite, tonifica o estômago, abre o apetite, entre dezenas de outras indicações. Segundo o dr. Zalakas, tem propriedades antídotas dos efeitos tóxicos da nicotina.

AIPO (*Apium graveolens*) — É usado como alimento, condimento e remédio. Contém vitaminas A, B e C e sais minerais. Saladas, sopas, caldos, sucos e refogados. Uso medicinal: protege o organismo contra diversas enfermidades: reumatismo, anemia, ácido úrico, asma, etc. É tônico para o sistema nervoso. Segundo o dr. Teófilo L. Ochoa, não obstante o seu valor nutritivo em forma de saladas, não deve entrar na alimentação dos diabéticos e dos que têm estômago fraco.

ALCACHOFRA (*Cynara scolymus*) — Contém vitaminas A, B e C e sais minerais. Saladas: graças ao seu elevado conteúdo de insulina, é um vegetal muito valioso no regime dos diabéticos. Uso medicinal: os sais orgânicos de ferro, fósforo, iodo, silício e as vitaminas A, B e C converteram a alcachofra em ótimo reconstituinte e oxidante. Recomendada para anemia, raquitismo, cálculos da bexiga e rins, próstata, hemofilia, entre outros.

ALFACE (*Lactuca sativa*) — Baixo teor de hidratos de carbono, proteínas e gorduras. Rica em vitaminas, sais minerais e cálcio. Uso medicinal: laxante, diurético, calmante, asma, bronquite, afecções dos rins, prisão de ventre, reumatismo, artrite, nevralgias, cálculos do fígado e rins; transtornos nervosos: neurastenia, epilepsia, histerismo, hipocondria; obesidade, diabetes, eczemas, erupções cutâneas, varizes, arteriosclerose, entre outras doenças.

ALHO (*Allium sativum*) — É tão importante na cozinha como na medicina caseira. Vitaminas A, B e C, cálcio, fósforo e ferro. Empregado como tempero, enriquece o sabor dos pratos, estimula o apetite e provoca secreção dos sucos gástricos. Como agente medicinal, seu uso data de época remota — uma indicação aparece na primitiva medicina grega, hindu e egípcia. Uso medicinal: bronquites crônicas, tuberculose, pneumonia, asma, varizes, combate toxinas intestinais, depurativo do sangue, ácido úrico, cólera, diabetes, difteria, sífilis, tifo, etc. Contra-indicado (em excesso): hipotensão arterial e lactantes.

ALHO-PORÓ (*Allium porrum*) — Anti-séptico, diurético, emoliente, expectorante, laxativo, resolutivo.

ASPARGO (*Asparagus officinalis*) — Rebentos, logo depois de colhidos (de preferência). Vitaminas e sais minerais, entre outros: silício, sódio e magnésio. Feito no vapor (10 a 15 minutos), conserva seu perfume, sabor e propriedades nutritivas. Uso medicinal: regulariza as funções circulatórias, acalma as palpitações, bom para a bexiga. O decocto é indicado para: icterícia, infartos do fígado e baço e cálculos renais. Contra-indicação: afecções das vias urinárias e histerias.

BATATA (*Solanum tuberosum*) — De fácil digestão, desempenha importante papel na digestão de enfermos, convalescentes e crianças. Vitaminas A, B e C e sais minerais: potássio, fósforo, enxofre, cálcio, cloro, ferro, entre outros. É ótima fonte de energia. Deve ser cozida com a casca (para melhor aproveitamento de seus nutrientes). Uso medicinal: é aconselhada cozida aos diabéticos, em virtude dos sais de potássio. Crua, é antiescorbútica e analgésico local (rodelas) contra dores de cabeça; o purê é calmante nas irritações intestinais. Frita, é pesada e indigesta. Contra-indicação: por ser rica em potássio, não deve ser usada abusivamente pelos que sofrem dos rins.

BATATA-DOCE (*Ipomoea batatas*) — Valor terapêutico: as folhas são usadas para gargarejos no caso de inflamações na garganta.

BERINJELA (*Solanum melongena*) — É considerada uma das hortaliças mais valiosas. Vitaminas A, B e C e sais minerais: potássio, fósforo, cálcio, magnésio, ferro, entre outros. Prepara-se de várias maneiras: recheada, assada, em omeletes, à milanesa ou em conserva. Uso medicinal: diminui o colesterol; excelente para o estômago, o baço e especialmente para o fígado. É recomendada para artrite, reumatismo, diabetes e inflamações da pele em geral. Seu suco é excelente como diurético, além de ser calmante.

BETERRABA (*Beta vulgaris*) — Encerra valiosas propriedades medicinais graças a seu elevado conteúdo em sais minerais, vitaminas e açúcares. Usada em saladas, de preferência crua e ralada, é um alimento indispensável para ação laxativa e neutralizadora dos ácidos. É muito útil à formação dos glóbulos vermelhos. Serve para alimentar e fortalecer as glândulas de secreção interna, desarranjos do baço e do fígado. O suco é estimulante natural do coração; combate o reumatismo e a artrite; fortalece os tendões e previne a anemia. É tônico, refrescante e diurético.

BRÓCOLIS (*Botrytis asparagoides*) — Comem-se as folhas, as flores e os pedúnculos. Vitaminas A, B e C e sais minerais, cálcio, potássio e ferro. Salada (cozida ao vapor), panquecas, no arroz, etc. Uso medicinal: é bom construtor dos ossos e dos dentes. Tanto as flores como as folhas têm efeito laxativo. Por ser rico em ferro, recomenda-se aos anêmicos. Útil na defesa contra as infecções.

CEBOLA (*Allium cepa*) — Como alimento, condimento e remédio, uma dádiva da natureza ao homem, desde a mais remota Antigüidade. Vitaminas e sais minerais, entre outros: potássio, fósforo, cálcio e ferro. Deve ser usada (de preferência crua) em saladas, pois assim retém todo o seu valor nutritivo e medicinal. Uso medicinal: purifica o sangue, é eficaz no diabetes, hipertensão, enxaqueca, reumatismo, tuberculose, obesidade, prisão de ventre, desinfetante intestinal, diurético, entre outros. É tida pela alopatia como emoliente e depurativo eficaz; a homeopatia a indica para grande número de males dos aparelhos respiratório e digestivo.

CENOURA (*Daucus carota*) — Vitaminas e sais minerais, entre outros: potássio, sódio, enxofre e ferro. Saladas, sopas, cozidos, omeletes, suflês, coquetéis, conservas, sucos, bolos, tortas, etc. Uso medicinal: rica em caroteno e vitamina A. Protetora da vista; excita a secreção da bílis; aumenta os glóbulos vermelhos e a defesa contra as infecções. Tônico e vitalizador, favorece a lactação. O suco combate a tosse, as enfermidades dos brônquios, a úlcera gastroduodenal, etc. Ralada, é indicada para combater a anemia e a tuberculose da laringe. Revigora a mente cansada e restaura os nervos.

CHICÓRIA (*Chicorium intybus*) — Vitamina e sais minerais, entre eles: potássio, cálcio e silício. Salada, cozido, sopa, etc. Gosto picante e ligeiramente amargo. Uso medicinal: digestivo, depurativo do sangue, laxante, diurético, vermífugo, obstrução dos ovários, antifebril, afecções da pele. O suco da raiz é indicado para transtornos do fígado, hemorróidas, icterícia e hipocondria, além de limpar os rins, o baço e a vesícula biliar.

CHUCHU (*Sechium edule*) — Folhas e cascas do fruto são diuréticas e hipotensoras. Carboidratos, cálcio, fósforo e vitaminas A, B e C.

COUVE (*Brassica oleracea*) — Vitaminas e sais minerais, entre outros: cálcio, fósforo e ferro. Crua, é utilizada em saladas e sucos; cozida, em sopas, farofas, etc. Contém mais vitamina C do que a encontrada nas frutas cítricas. Remineralizante, laxante, oxidante, boa para asma e bronquite. Combate enfermidades do fígado, hemorróidas, anemia. O suco é um tônico excelente, combate artrite, desinfeta o intestino. Contra o alcoolismo é empregado o suco do talo. Folhas cozidas (cataplasmas) combatem a gota, a ciática, as nevralgias e as dores reumáticas em geral.

COUVE-FLOR (*Brassica oleracea*) — É uma variedade da couve. Vitaminas e sais minerais, entre os quais: potássio, cálcio e magnésio. Salada, milanesa, sopa, cozido, etc. Tem aproximadamente as mesmas propriedades que o brócolis. Uso medicinal: é bom construtor dos ossos, fortificante, oxidante; combate a prisão de ventre. Recomendada aos adolescentes, aos fracos e aos que abusaram de alimentos acidógenos. Contra-indicação: aos que sofrem de colelitíase e nefrolitíase, segundo o dr. Domingos D'Ambrósio.

ESPINAFRE (*Spinacia oleracea*) — As folhas são usadas em saladas, recheios, sopas, bolinhos, empadões, etc. Vitaminas e sais minerais, entre outros: potássio, cálcio, cloro e ferro. Uso medicinal: o suco é rico em ferro, além de ótimo fortificante, diurético e laxante, calmante, bom para os nervos. Convém a quem tem vida sedentária. Combate a hipertensão arterial, as menstruações escassas e dolorosas; promove o crescimento e aumenta a resistência contra as infecções.

FEIJÃO (*Phaseolus vulgaris*) — Há 1.016 variedades. O Brasil é o berço do feijão. Cultivado por toda a parte, é o prato nacional por excelência. Sustento do trabalhador dos campos, é o pão cotidiano do pobre e do rico; é, como o povo o batizou, "o pai de família". Contém calorias, hidratos de carbono, proteínas, vitaminas, aminoácidos e sais minerais. Rico em fosfatos, pode ser usado verde (vagens) ou seco (grãos). Uso medicinal: utilizando as vagens, conseguem-se magníficos resultados em casos de debilidade geral ou desnutrição.

O cinema brasileiro na cozinha

JAMBU (*Wulffia stenoglossa*) — Arbusto utilizado, depois de cozido, na culinária amazônica, especialmente nos pratos em que entra o tucupi. Tem sabor *sui generis*; é adstringente. Segundo observação popular, "faz o beiço tremer".

MANIÇOBA Folhas de mandioca (*Manihot esculenta*, confundida normalmente com o aipim *Manihot palmata*), socadas no pilão e cozidas com carne ou peixe. Os negros e os mestiços do Nordeste açucareiro faziam o uso que hoje é dado à culinária amazônica.

MAXIXE (*Cucumis anguria*) — Planta herbácea, rasteira. Valor terapêutico: alivia os acessos causados pela hemorragia.

NABO (*Brassica napus*) — Tanto a folha como a raiz podem ser utilizadas como alimento e remédio. Vitaminas e sais minerais, entre outros: potássio, sódio, cálcio e ferro. Usa-se a raiz ou as folhas em várias preparações culinárias: saladas cruas, caldos, sopas, guisados, etc. Uso medicinal: sua raiz, nas palavras do dr. Deodato de Moraes, "possui propriedades tônicas, antiescorbúticas e peitorais muito conhecidas". Purifica o sangue, dissolve e elimina os cálculos dos rins. Rico em fosfato, é excelente alimento para os neurastênicos. Segundo o dr. Henry, as folhas contêm muito mais vitaminas que a raiz, sendo ricas em cálcio e outros sais minerais.

PEPINO (*Cucumis sativus*) — Rico em vitaminas, sais minerais, fósforo, sódio e ferro. Durante muito tempo, foi considerado não comestível e até venenoso. Lamentavelmente, essa superstição ainda perdura entre as classes menos esclarecidas. Não é recomendável cozido ou em conserva. O certo é abri-lo no momento de comê-lo. Não é necessário descascá-lo, mas descascado é mais digerível. É o melhor dos diuréticos naturais. Promove o crescimento dos cabelos. Seu suco é valioso nos casos de alta ou baixa pressão arterial. É útil nas enfermidades dos dentes e na piorréia. A infusão das cascas é excelente contra as cólicas. O fruto fresco é eficaz contra as gretaduras dos lábios e seios.

PIMENTÃO (*Capsicum cordiforme*) — Muito rico em vitaminas A e C, potássio, fósforo, sódio e cálcio. É o alimento que, embora rico em vitaminas, produz poucas calorias, pelo que pode figurar no cardápio dos que não desejam engordar. Uso medicinal: indicado nos estados de avitaminose C. Combinado com o suco de cenoura, é excelente auxiliar no eliminação das manchas da pele.

QUIABO (*Hibiscus esculentus*) — Vitaminas A,B e C e ácido ascórbico. Usa-se em saladas, refogado ou cozido. Uso medicinal: refresca o intestino, é laxante. Segundo o dr. Leo Manfred, é muito indicado para os que sofrem de tuberculose pulmonar.

RABANETE (*Raphanus sativus*) — Vitaminas A,B e C, sais minerais, cálcio, enxofre, fósforo e potássio. Na salada, estimula o apetite. Uso medicinal: raiz e folha são calmantes, diuréticos, tônicos para os músculos, dissolventes dos cálculos biliários.

REPOLHO (*Brassica oleracea capitata*) — Vitaminas A,B e C e sais minerais, entre outros: potássio, cálcio e fósforo. Deve fazer parte da nossa alimentação na forma de salada, refogado, sopa ou suco. Uso medicinal: cataplasma ou suco, em caso de anemia, tuberculose, úlceras, hemorróidas, alcoolismo, tumores, inflamações. Segundo o dr. Blanc, o repolho é o médico dos pobres.

SALSA (*Proteselium sativum*) — Vitaminas A,B e C e sais minerais, entre os quais: cálcio, enxofre e magnésio. Usa-se como tempero culinário. Uso medicinal: folhas, talos, raiz e sementes – infusão, decocção; chá e suco – diurético geral, gases do estômago, intestino, desenterias, inflamações das picadas de abelhas. As sementes são antialérgicas. Contra-indicação: gestantes e lactantes não devem fazer da salsa uso medicinal interno.

SOJA (*Glycine híspida*) — Vitaminas A,B e C, hidratos de carbono, proteínas e sais minerais. Introduzido no Brasil no século XIX, é um alimento rico em proteínas essenciais, de alto valor biológico. Seus produtos: óleo, farinha, leite. Preparados: pão, torta, bolos, farofa, sopa, salada, queijo. Uso medicinal: combate a desnutrição, é de especial valor na alimentação dos diabéticos, arteriosclerosos e convalescentes em geral. O azeite é um precioso tônico aconselhável em doenças da pele. Excelente para esgotamento nervoso.

TOMATE (*Solanum lycopersicum*) — Vitaminas A,B e C e sais minerais, entre outros: potássio, fósforo, sódio e cálcio. Alimento, tempero e remédio. Usado em saladas ou cozido. Deve ser incluído nas refeições diárias, fresco ou em conserva, polpa, suco. Uso medicinal: figura entre os vegetais protetores contra infecções bacterianas, perturbações digestivas e pulmonares. Favorece o crescimento e a ossificação. É benéfico para o cérebro, atuando contra o desgaste mental. Contra-indicação: não convém às pessoas que sofrem de fermentação no estômago.

O cinema brasileiro na cozinha

"(...) Os odores das frutas fazem que eu flutue para minha casa no sul, para minhas brincadeiras infantis no campo cheio de pessegueiros. Outros aromas, repentinos e fugazes, fazem meu coração dilatar-se de felicidade ou contrair-se a alguma tristeza recordada (...)."

Helen Keller

"Para tirarmos das frutas a sua maior vantagem, precisamos comê-las frescas. Felizes as populações do interior que podem fazê-lo!..."

Alfons Balbach

AS FRUTAS NA MEDICINA DOMÉSTICA

ABACATE (*Persea americana mill*) — Alto valor nutricional. Tem quatro vezes mais valor nutritivo que os outros frutos, exceto a banana. Rico em fósforo, cálcio e ferro. As folhas são indicadas como diuréticas em distúrbios renais: cálculos, cistite, uretite e também em problemas respiratórios.

ABACAXI (*Ananas sativus*) — Grande valor nutritivo. Contém hidratos de carbono, proteínas, gorduras, água, cálcio, fósforo, ferro, magnésio, potássio, sódio, cloro e enxofre. Fonte de vitamina C.

ACEROLA (*Malpighia glabra*) — Rica em vitamina C e minerais. Os frutos são empregados em casos de diarréia e distúrbios hepáticos.

AMORA (*Morus nigra*) — Vitaminas e sais: potássio, fósforo, cálcio, etc. Usa-se em sucos, doces e geléias.

AMEIXA (*Prunus domestica*) — Vitaminas e sais: cálcio, sódio e ferro, entre outros, propriedades laxativas. Alta taxa de hidrato de carbono – recomendada aos operários braçais. Seu conteúdo em fósforo é recomendado aos estudantes e aos intelectuais.

AMÊNDOA (*Prunus amygdalus*) — Vitaminas e sais: fósforo, enxofre, magnésio e outros. Valiosa contra a anemia. Energética por excelência. Indicada para trabalhadores braçais e intelectuais.

AMENDOIM (*Arachis hypogaea*) — Possui hidratos de carbono, proteínas, gorduras e sais. Indicado nos casos de desnutrição, debilidade e tuberculose. Recomenda-se incluí-lo na alimentação. Usa-se cru, torrado, a farinha, a manteiga, o óleo e o creme.

AZEITONA (*Olea europaea*) — Vitaminas e sais: potássio, silício e ferro, entre outros. Excitante alimentar. Cura embriaguez alcoólica.

BANANA (*Musa paradisíaca*) — Vitaminas e sais: sódio, cálcio e ferro, entre outros. Bastante nutritiva e medicinal. Entre todas as frutas, nenhuma possui qualidades superiores às suas. No Brasil existem mais de trinta variedades.

CAJU (*Anacardium ocidentalis*) — Hidratos de carbono, proteínas, gorduras e sais. É a maior fonte de vitamina C. A castanha é um alimento de sabor requintado e de altas qualidades nutritivas.

CAQUI (*Diospyros kaky*) — Proteínas, vitaminas e sais. Convém aos tuberculosos, aos desnutridos, aos anêmicos, aos descalcificados.

CARAMBOLA (*Averrhoa carambola*) — Hidratos de carbono, proteínas e vitaminas. Usa-se o suco contra todo tipo de febres. Saborosa ao natural e em compota.

CASTANHA (*Castanea vulgaris*) — Além de proteínas, sais e vitaminas A e B$_{12}$, contém fósforo, potássio, sódio, cálcio e ferro. Alimento especial para os enfermos do fígado e dos rins (deve ser comida com alguma fruta que sirva de laxante, já que a castanha é adstringente). Energética por excelência. Os trabalhadores braçais costumam dizer que "vivem do pão dos bosques".

CEREJA (*Prunus cerasus*) — Vitaminas e sais: potássio, fósforo, cálcio e outros. Excelente para o organismo, sobretudo no verão. Consome-se ao natural, em conservas ou compotas.

COCO (*Cocos nucifera*) — Hidratos de carbono, proteínas, vitaminas e sais: fósforo, cálcio e ferro, entre outros. Sua água e seu leite têm inúmeras aplicações na terapêutica doméstica. É tido como um alimento completo; é ótimo substituto da carne, do ovo, do queijo, do leite, etc.

O cinema brasileiro na cozinha

FIGO (*Ficus carica*) — Rico em açúcar, proteínas, lipídios, fósforo e cálcio. Calicida, emoliente, laxativo.

GOIABA (*Psidium guayava*) — Rica em vitaminas e sais: cálcio, fósforo e ferro. É uma das frutas mais populares do Brasil. Doces, caldas e geléias, tortas, sucos, saladas e ao natural.

GROSELHA (*Vermelha ribes rubrum*) — Vitaminas e sais: fósforo, cálcio e ferro. Pode ser usada ao natural como fruto de mesa, doces, xaropes e sucos.

LARANJA (*Citrus sinensis*) — Vitaminas e sais: potássio, cálcio e magnésio, entre outros. Depois da banana é a fruta mais apreciada. Existem dezenas de espécies: as da Bahia, de São Paulo e do Rio ocupam lugar de destaque nos mercados mundiais. É estomáquica, refrescante, diurética, calmante, especial contra gripes, pneumonia, além de várias outras indicações. Na Retirada da Laguna — episódio da guerra do Paraguai — foi a laranja que salvou o Exército brasileiro, que estava sendo dizimado pela cólera.

LIMÃO (*Citrus limonum*) — Vitaminas e sais: potássio, cálcio e ferro, entre outros. Fruta ácida por excelência, é o rei dos temperos e campeão dos remédios. De efeito benéfico para o organismo, tem ampla aplicação na cozinha e na medicina. Segundo o dr. Alberto Seabra, "nenhuma fruta tem valor medicinal igual ao do limão". Durante a gripe espanhola (epidemia gripal de 1918), no Rio de Janeiro, o limão alcançou o preço de vinte mil réis a unidade. Foi usado como antídoto para suavizar a terrível moléstia.

MAÇÃ (*Pyrus malus*) — Vitaminas e sais: fósforo, sódio, silício, entre outros. Segundo o dr. Indiveri Colucci, "a maçã é capaz de vencer todos os desarranjos do aparelho digestivo". Uma dieta de maçã é excelente para curar o alcoolismo e o tabagismo. Pode ser consumida crua, assada, cozida, em doces, tortas, geléias e sucos.

MAMÃO (*Carica papaya*) — Vitaminas e sais: fósforo, cálcio e ferro. É digestivo, diurético, laxante e refrescante. Para o dr. Teófilo L. Ochoa, "o mamão comido em jejum, de manhã, é eficaz contra o diabetes, a asma e a icterícia. É também bom depurativo do sangue e estomacal proveitoso". Verde, é usado em guisados; maduro, em doces e geléias, apesar de, nessa forma, perder parte de seus sais e vitaminas. Ideal para saladas, vitaminas e sucos.

MANGA (*Mangifera indica*) — Vitaminas e sais: fósforo, cálcio e ferro. Rica em vitaminas A e C. É tida em grande conta na medicina doméstica: combate a bronquite, a anemia, é depurativa do sangue. Seu uso e abuso é indicado contra a tuberculose.

MARACUJÁ (*Passiflora macrocarpa*) — Vitaminas e sais: fósforo, cálcio e ferro. São conhecidas muitas espécies com diferentes usos na medicina doméstica. Refrescante e calmante. Pode ser usado ao natural, em sucos, mousses, sorvetes, pudins, compotas e cristalizados.

MELANCIA (*Cucurbita citrullus* ou *Citrullus vulgaris*) — Vitaminas e sais: fósforo, cálcio e ferro. Para o dr. W. F. Friedmann, "vale mais para um urêmico ou para um gotoso uma talhada de melancia do que o melhor dos diuréticos". Limpa os filtros renais, provocando descargas do ácido úrico. Contra gases intestinais, afecções pulmonares, reumatismo, artrites, enfermidades dos rins e da bexiga, blenorragia, obesidade e hipertensão arterial e o desejo de bebidas alcoólicas. Deve ser comida fresca e madura.

MELÃO (*Cucumis melo*) — Vitaminas e sais: potássio, sódio, fósforo, entre outros. Calmante, refrescante, mineralizante, oxidante, diurético e laxante. Contra gota, reumatismo, artritismo, obesidade, prisão de ventre, cistite e blenorragia. Indicado contra cirrose hepática e afecções do fígado. Elimina pólipos. Regenera o fluxo sangüíneo.

MORANGO (*Fragaria vesca*) — Vitaminas e sais: sódio, cálcio e cloro, entre outros. Proclamado soberano na arte de curar. Frutos, folhas e raiz são empregados na medicina doméstica. Diurético, adstringente, contra cálculos renais, artrite, icterícia. Usá-lo de preferência cru. Apropriado para bolos, tortas, pudins, geléias, cremes, caldas e sucos.

NÊSPERA (*Eriobotrya japonica*) — Também chamada ameixa-amarela ou americana, rica em vitamina B, potássio e sódio. Os frutos acídulos e agradáveis têm aplicação contra diarréia e hemorragia interna. É usada ao natural, mas usa-se também em compotas.

NOZ (*Juglans regia*) — Vitaminas e sais: fósforo, cálcio, ferro, entre outros. Tônico excelente para o cérebro e os nervos. Indicada para diabéticos. Alimento regenerador de tecidos.

PÊRA (*Pyrus communis*) — Vitaminas e sais, entre outros: potássio, enxofre e ferro. Para o dr. Demétrio Laguna Alfranca, a pera "desempenha um papel importante na dieta do hipertenso. Purifica o organismo e exerce uma ação diurética". De preferência, ingeri-la ao natural. Usada em compotas, tortas, saladas e sucos.

PÊSSEGO (*Prunus pérsica*) — Vitaminas e sais: potássio, sódio, cálcio, entre outros. Segundo o dr. Deodato de Moraes, é indicado aos diabéticos, gotosos e tuberculosos. Muito usado em conservas, suas qualidades medicinais e nutritivas são mais bem aproveitadas ao natural.

PITANGA (*Eugenia uniflora*) — O óleo das folhas tem ação digestiva. Ação antibacteriana e analgésica.

TAMARINDO (*Tamarindus indica*) — Vitaminas e sais: fósforo, cálcio e ferro. Laxativo. Rico em substâncias hidrocarbonadas.

UVA (*Vitis vinifera*) — Vitaminas e sais: fósforo, magnésio e silício, entre outros. Abundante em açúcares, que são absorvidos pelo sangue sem fatigar o aparelho digestivo. Tonifica, remineraliza e renova os tecidos. Pelas suas múltiplas virtudes, é tida como um dos frutos mais medicinais da terra. Ingeri-la de preferência crua. Usada em doces, compotas, sucos, licores, sem falar nos vinhos.

ns brasileiro na cozinha

REFERÊNCIAS BIBLIOGRÁFICAS

ABC da Greve: documento inédito de Leon Hirszman sobre a origem do moderno sindicalismo brasileiro. São Paulo: Cinemateca Brasileira, 1991. 148 p.

ACKERMAN, Diane. Uma história natural dos sentidos. Rio de Janeiro: Editora Bertrand Brasil, 1990. 366 p.

ALENCAR, Miriam. O cinema em festivais e os caminhos do curta-metragem no Brasil. Rio de Janeiro: Artenova, c1978. 142 p.

ARAÚJO, Inácio. Cinema: o mundo em movimento. São Paulo: Scipione, 1995. 103 p. (História em Aberto.)

AVELLAR, José Carlos. O cinema dilacerado. Rio de Janeiro: Alhambra. 1986. 383 p.

AZEREDO, Ely. Infinito cinema. Rio de Janeiro: Unilivros, 1988. 225 p.

BAHIA, Berê. 100 anos de cinema. Mostra 100 Anos de Cinema. 21 de agosto a 12 de setembro de 1995: [catálogo]. Brasília: Secretaria de Cultura do Distrito Federal/Fundação Cultural do Distrito Federal: Funarte: Ministério da Cultura, 1995. 51 p. il.

_____. O olhar da igreja. Mostra Restrospectiva Prêmio Margarida de Prata, 1967/1994. Brasília: Secretaria de Cultura do Distrito Federal/Fundação Cultural do Distrito Federal: Enap: Funarte: Ministério da Cultura: CNBB, 1994. 56 p.

_____. 30 anos de cinema e festival: a história do Festival de Brasília do Cinema Brasileiro. Brasília: Fundação Cultural do Distrito Federal, 1998. 432 p. il.

BALBACH, Alfons. A flora nacional na medicina doméstica. 18. ed. São Paulo: Edições "A Edificação do Lar", [19__?]. 2 v.

_____. As frutas na medicina doméstica. 17. ed. São Paulo: Edições " A Edificação do Lar", [19__?]. 375 p.

_____. As hortaliças na medicina doméstica. 20. ed. São Paulo: Edições "A Edificação do Lar", p. [19__?]. 409 p.

CABARET Mineiro. Um filme de Carlos Alberto Prates Correia. Rio de Janeiro: [Cinematográfica Montesclarence: Zoom Cinematográfica], [1977]. 7 f.

O CANGACEIRO. Lima Barreto.11 f. fotocopiadas.

CARLOTA Joaquina, Princesa do Brasil. Direção de Carla Camurati. Ficha técnica adquirida na Internet.

CARVALHO, Vladimir. Conterrâneos velhos de guerra: opinião da crítica e roteiro. Brasília: Secretaria de Cultura e Esporte/Fundação Cultural do DF, 1997. 368 p. il.

CASCUDO, Luis da Câmara. Antologia da alimentação no Brasil. Rio de Janeiro: Livro Técnico e Científico, 1977. 254 p.

CASTRO, Josué de. Geografia da fome (o dilema brasileiro: pão ou aço). 11. ed. Rio de Janeiro: Gryphus, 1992. 361 p.

CASTRO, Pedro Jorge. O calor da pele: roteiro cinematográfico. Brasília: Publicações Animatógrafo Cinema e Vídeo, 1995. 172 p.

CORALINA, Cora. Livro de cordel. São Paulo: Global, 1987. 98 p.

_____. Poemas dos becos de Goiás e estórias mais. 16. ed. São Paulo: Global, 1990. 246 p.

_____. Vintém de cobre: meias confissões de Aninha. Goiânia: Universidade Federal de Goiânia, 1985. 212 p.

COSTA, Selda Vale da, LOBO, Narciso Júlio Freire. No rastro de Silvino Santos. Manaus: Superintendência Cultural do Amazonas/Edições do Governo do Estado, 1987. 206 p.

CULTURA. Brasília: Ministério da Educação e Cultura, n.1, jan./mar. 1971. 144 p. il.

DIÉGUES, Carlos. Os filmes que não filmei: entrevistado por Silvia Oróz. Rio de Janeiro: Rocco, 1984. 181 p.

DF–Letras. Cora já faz dez anos. Brasília: Câmara Legislativa do Distrito Federal, v. 2, n. 17 - 20, 1995. Suplemento Cultural.

DONA Flor e seus dois maridos. Bruno Barreto. 10 f. fotocopiadas.

FESTIVAL INTERNACIONAL DE DOCUMENTÁRIOS, 2., 1997, Rio de Janeiro e São Paulo. É tudo verdade: 2º Festival Internacional de Documentários = It's all true: 2nd Documentary Internacional Film Festival, Rio de Janeiro, 4 a 13 de abril, Centro Cultural Banco do Brasil: Cinesesc: [católogo]. [S. l.: s. n., 1997].

_____. 3., 1998, Rio de Janeiro e São Paulo. É tudo verdade: 3º Festival Internacional de Documentários = It's all true: 3rd Documentary Internacional Film Festival, Rio de Janeiro, 27 de março a 2 de abril de 1998, Centro Cultural Banco do Brasil: São Paulo, 30 de março a 5 de abril de 1998, Cinesesc: Museu da Imagem e do Som: [catálogo]. [S. l.: s. n., 1998]. 55 p.

FILMOTECA: Catálogo. Pesquisa de Maria Cristina Brandão Crivellaro e Angela Maria Luiz de Souza. Textos e Sinopses de Arlete Cantusio e Sebastião de França. [Rio de Janeiro]: Embrafilme/Ministério da Cultura, [198_?]. 219 p.

FURHAMMAR, Jeif, ISAKSSON, Folke. Cinema e política. Tradução de Júlio Cézar Montenegro. Rio de Janeiro: Paz e Terra, 1976. 235 p. (Cinema, v. 2).

GALVÃO, Maria Rita Eliezer. Crônica do cinema paulistano. São Paulo: Ática, 1975. 333 p. (Ensaios, 15).

GELÉIA Geral. Um filme de Sandra Werneck. [Rio de Janeiro: Lumiar Filmes] 1986. 1 cartazete, 32 x 22 cm.

GLAUBER POR GLAUBER. Mostra da obra completa de Glauber Rocha como ele a desejou. Filmes, exposições, livro, vídeo: [catálogo]. [Rio de Janeiro]: Embrafilme: Banco Nacional: Fundação Pró-Memória, 1995. 72 p. il.

GROSSI, Esther Pillar. Mesa sutra. São Paulo: L&PM, 1998. 94 p.

HOUAISS, Antônio. Minhas receitas brasileiras. São Paulo: Art Editora, 1990. 87 p.

_____. Receitas rápidas: 103 receitas de (até) 18 minutos. 2. ed. aum. São Paulo: Art Editora: Círculo do Livro, 1987. 96 p.

LABAKI, Amir. O olho da revolução: o cinema urgente de Santiago Alvarez. São Paulo:Iluminuras, s. d. 127 p.

A LIRA do Delírio. Um filme de Walter Lima Júnior. Rio de Janeiro: Embrafilme, [1977?]. 5 f.

A MARVADA Carne. André Klotzel. São Paulo: Superfilmes: Tatu Filmes: Embrafilme, 1985. 13 p. il.

MIRANDA, Luiz Felipe. Dicionário de cineastas brasileiros. São Paulo: Art Editora, 1990. 408 p. il.

MOSTRA CINEMATOGRÁFICA, 1997, Brasília. A Mulher e o Cinema Latino-Americano, de 2 a 9 de abril de 1997, Cine Brasília. Catálogo. Brasília: União Latino-Americana de Mulheres: Secretaria de Cultura: American Film Federal Fundation, 1997. 19 p. il.

NOITES do Sertão. Um filme de Carlos Alberto Prates Correia. Baseado na novela *Buriti*, de João Guimarães Rosa. Rio de Janeiro: Grupo Novo de Cinema: Cinematográfica Montesclarence, 1984. 9 f.

NO PAIZ das Amazonas. De Silvino Santos. Festival de Brasília do Cinema Brasileiro, 26., 1993. Brasília. Abertura do 26º Festival de Brasília do Cinema Brasileiro: Programa, 23 de novembro de 1993. Brasília: Fundação Cultural do Distrito Federal, 1993. 6 p. il.

PRÊMIO Cora Coralina – 1986: Poesias. Goiânia: Universidade Federal de Goiás, 1948. 146 p.

REVISTA DE CINEMA CISCO. Goiânia: Magiart Editora, v. 1, n. 1, nov. 1985. 26 p.

RETROSPECTIVA GILDA DE ABREU, 1971, Rio de Janeiro. Retrospectiva. [Catálogo]. Rio de Janeiro: Cinemateca do Museu de Arte Moderna: Clube de Cinema do Rio de Janeiro: Secretaria de Turismo do Governo da Guanabara, 1971. 15 p.

SALEM, Helena. Nelson Pereira dos Santos: o sonho possível do cinema brasileiro. Rio de Janeiro: Nova Fronteira, 1987. 371 p. (Diários, Memórias e Depoimentos).

_____. Cinema brasileiro: um balanço dos cinco anos da retomada do cinema nacional 1994-1998. Brasília: Ministério da Cultura/Secretaria do Audiovisual, 1998. 222 p.

SANTIAGO, Vladimir, IVENS, Joris. Depoimentos: Santiago, cineasta de Cuba, Orlando Senna, Vladimir, a batalha do cotidiano, Paulo Melo e Joris Ivens, o mestre do humanismo, Jorge Amado. [S.l. : s. n., 1974?]. 19 f.

SARACENI, Paulo Cézar. Por dentro do cinema novo: minha viagem. Rio de Janeiro: Nova Fronteira, 1993. 378 p.

SEABRA, Sandra. Carla Camurati nada contra a corrente. Comentários adquiridos na Internet.

SEABRA, Sérgio. Coragem e leveza em *La serva padrona*. Comentários adquiridos na Internet.

SONHO de Valsa. Um filme de Ana Carolina. Rio de Janeiro: Crystal Cinematográfica: Ueze Zahran: Embrafilme, 1987. 30 f.

XICA da Silva. Um filme de Carlos Diégues. [Rio de Janeiro]: [Terra Filmes: Embrafilme], [1976?]. 26 f.

O cinema brasileiro na cozinha

AGRADECIMENTOS

Aos amigos de fé que não mediram esforços para ajudar-me material e logisticamente nesta empreitada: Adelina Nava Lopes Rodrigues, Antônia Motta de Castro Ribeiro Memória, Beth Gameiro, Eduardo Nogueira da Gama, Enilson Bastos, Luciana, Márcia e Pedro Gama, Marialva Thereza Swioklo, Nathalie Bernardo da Câmara, Sylvia Helena, Zé Umberto, Valmor e Zuleica Fischer. Aos abnegados e partícipes que leram e incentivaram o projeto: Ana Cláudia Lima e Alves, José Carlos Córdova Coutinho, Maria Duarte e Nilcéia D'Orázio. Aos cúmplices consangüíneos que sacrificaram momentos de convívio familiar e lazer — na digitação: Beto Postiglioni e Mazinho; na pré-produção: Diego, Dilma, Fernando, Isabella, Manuella, Nilva e Tidinho. Aos amigos que, com suas imagens, deram vida às receitas e despertaram apetites: Irone Queiroz e Pedro Bahia. Ao Cláudio MacDowell (diretor de *Luz, cama, ação*), em cujo filme o título deste livro é inspirado. Aos amigos da Funarte que, com simpatia e adesão, me ajudaram a ilustrar os filmes: Laline Casaes, Mauro Domingues, Regina Bittencourt, Roberto Leite, Ronaldo Ferreira e Wanda Ribeiro. Aos loucos por cinema: Débora de Castro Nesralla, Gioconda Caputo, Janaína Rocha, Joseana Paganini, Luiz Carlos Merten, Manfredo e Vanda Caldas, Margarida Cordeiro, Maria do Rosário Caetano, Marina Oliveira, Quico, Rosângela Queiroz, Severino Francisco, Waldo Duarte Matos, Vladimir Carvalho e a todos os diretores que, com sua arte, me despertaram para esta dupla paixão: o cinema e a cozinha.

Agradeço a Diane Ackerman, naturalista, exploradora e cientista, que, com *Uma história natural dos sentidos,* nos transporta em viagens oníricas, lúdicas e imaginárias em busca de todos os prazeres.

CRÉDITO DAS FOTOS

Coquetel de rum/Irone Queiroz/página 22
Orlando Senna/divulgação/página 23
Licor de cravo e canela/Pedro Bahia/página 25
O círculo de fogo/divulgação/página 26
Geraldo Moraes/divulgação/página 27
Coquetel de vodka/Irone Queiroz/página 29
O ébrio/divulgação/página 31
Bolinho de pirarucu/Irone Queiroz/página 33
Schubert e Yara/divulgação/página 34
Pão de queijo temperado/Irone Queiroz/página 35
Saladão tabule/Pedro Bahia/página 36
A paisagem natural/Armando Lacerda/página 37
Caldo de milho verde/Irone Queiroz/página 38
Cabaret mineiro/divulgação/página 39
Tânia Alves/divulgação/página 39
Caldo de feijão/Pedro Bahia/página 41
Caldo de tomate/Pedro Bahia/página 42
Jorge Furtado/divulgação/página 43
Canja de frango/Irone Queiroz/página 46
Helvécio Ratton/divulgação/página 47
Em nome da razão/divulgação/página 47
Caldo de peixe/Irone Queiroz/página 44
Ressurreição Brasil/divulgação/página 45
Souflê de abóbora/Irone Queiroz/página 48
Garota dourada/divulgação/página 49

Garota dourada/Alexandre Salgado/página 50
Dona Flor e seus dois maridos/divulgação/página 51
Torta de cogumelos e aspargos/Pedro Bahia/página 54
Torta de atum e verduras/Pedro Bahia/página 56
Helena Solberg/divulgação/página 57
No paiz das amazonas/Irone Queiroz/página 58
La serva padrona/Pedro Bahia/página 61
La serva padrona/divulgação/página 63
Pasta tri colore/Irone Queiroz/página 65
Peru com charutos/Pedro Bahia/página 67
Frango recheado/Pedro Bahia/página 69
Carlota Joaquina, Princesa do Brasil/divulgação/página 71
Rabada de caruru/Irone Queiroz/página 73
O cangaceiro/divulgação/página 75
Baião de três/Irone Queiroz/página 77
Aníbal Massaini/divulgação/página 79
O cangaceiro/divulgação/página 79
Casa Grande & Senzala/divulgação/página 80
Feijoada completa/Irone Queiroz/página 81
Cozido completo/Irone Queiroz/página 85
Carne de sol ao leite/Irone Queiroz/página 86
A Marvada carne/divulgação/página 87
Pernil recheado/Pedro Bahia/página 89
Noites do sertão/divulgação/página 90
Cabrito na cachaça/Irone Queiroz/página 91

Xica da Silva/divulgação/página 92
O Amuleto de Ogum/divulgação/página 95
Vatapá de camarão/Irone Queiroz/página 96
O Amuleto de Ogum/Tizuka Yamazaki/página 97
Robalo recheado/Irone Queiroz/página 101
Brasília, a última utopia/divulgação/página 103
Bobó de camarão/Irone Queiroz/página 107
Arroz de cuxá/Irone Queiroz/página 109
Moqueca de água doce/Irone Queiroz/página 110
Farofa de biju/Pedro Bahia/página 113
Casa de Farinha/divulgação/página 113
Farofa de carne seca/Irone Queiroz/página 114
Vidas Secas/divulgação/página 115
Vidas Secas/divulgação/página 116
Molho de pimenta malagueta/Irone Queiroz/página 117
Prova de fogo/divulgação/página 118
Marco Altberg/divulgação/página 119
Molho de pimenta cumari/Irone Queiroz/página 120
Banana Split/divulgação/página 122
Geléia de frutas/Irone Queiroz/página 124
Geléia Geral/divulgação/página 125
Maçã recheada/Ed Ferreira/página 126
Sorvertão/Pedro Bahia/página 128
Sonho de Valsa/Airton Magalhães/página 129

O cinema brasileiro na cozinha

PALAVRA DE COMENSAL

"O rango estava ótimo. Adorei os curtas e os longas. Comida para a alma e o corpo." Eloiza Gurgel

"Minha irmã: no meu entendimento (e gosto) foram os melhores pratos do teu futuro livro — Tutti, tutti buona gente. Parabéns." Valmor Fischer

"Numa época dessas, de tão poucas opções inteligentes, fico feliz (só assim), eu estou presente nestas maravilhosas comilanças, aliadas ao bom gosto, às artes e à cultura." Marialva Thereza Swioklo

"Berê, obrigada por esta festa maravilhosa, com todos os nossos amigos de cinema, não merecia tanto. Parabéns por estes deliciosos Tutti, tutti buona gente e Garota dourada." Beth Gameiro

"Tempero bom da peste! Cruzes... dá vontade de outras sessões, matinê, vesperal e soirée de gala! Berê, você é demais, ao ponto... toda temperada, graças aos Deuses a gente se conhece, amém." Zello Visconti

"Brasília, última utopia. Eu ainda estou lutando por isso. E, através de suas mãos, esta luta é bem mais prazerosa." Sylvia Helena

"Berê, Bahia nas Minas, Rosalinda Brasília, te amo! Quero continuar comendo tudo." Bita Carneiro

"É doce viver neste mar, comer este peixe, conhecer estes temperos — Barravento." Eduardo Nogueira da Gama

"Amiga Berê, que gostosura! Foram pratos, pratos curtidos com o maior carinho, apimentados, só podia ser de uma baiana com um coração repleto de filmes." Márcia Gama

"Berê, parabéns pela iniciativa, ao nosso amor pelo cinema brasileiro." Gioconda Caputo

"Berê querida! 'O festival' continua em alto nível, com a pimenta correndo solta. Eta foguinho bão! E a gente aprendendo sempre mais de filmes e comidinhas. Assim vamos adquirindo cultura e cintura." José Carlos Coutinho

"Xica da Silva é nossa gente, representa na nossa história uma das faces da gente brasileira e isso refletiu nos pratos. Valeu! Beijos e aplausos." Rosana Marques de Araújo

"Ao fim de tudo (ou início), ganhamos amigos, sorrisos, tardes, noites e manhãs de muita alegria. E alguns centímetros de cintura. Que grande prazer ter participado de tudo isto." Enilson

" A luz do cinema/Se anima/No céu da boca/De Berê." TT Catalão

"Acabou, não foi Berê?... e bem. Vamos sentir a falta dos pratos, da presença e das fotografias... da diretoria, um abraço carinhoso." Valmor/Zuleica Fischer

"Berê, para lembrar este fim de tarde com o gosto delicioso de sua cozinha cinematográfica e o sabor da amizade." Vladimir Carvalho.

"Berê, que maravilha! Chegamos à reta final desta viagem gastrofilmográfica, uma lição de como se deve apreciar um bom prato sem perder as trilhas de um bom filme. E, nesta cumplicidade, O desafio nos fez sentir o Calor da pele, quando entramos no Círculo de fogo parecido com Brascuba, a ponto de parecermos (um) O Ébrio na trilha de Toma de Minas, a estrada, por que não apreciarmos uma bela Paisagem natural? Recordando o Cabaret mineiro, sem esquecer os Conterrâneos velhos de guerra, e quem diria tudo se faz Em nome da razão, para que na Ilha das Flores encontremos a Ressurreição Brasil. Como é linda a Garota dourada em seus deleites, sem falar da cumplicidade de Dona Flor e seus dois maridos a nos levar A Lira do Delírio. Ó quantas iguarias Made in Brazil a ponto de imaginarmos estar No paiz das Amazonas. La Serva padrona nos faz lembrar nossos irmãos imigrantes todos Tutti, tutti buona gente. Carlota Joaquina, princesa do Brasil traz um pouco de nossa colonização, onde, na Bahia de todos os sambas, os nossos irmãos que viveram na Casa-Grande & senzala tiveram felizes momentos com Xica da Silva, e nas Noites do sertão, onde surgiu O cangaceiro e seus companheiros com suas Vidas secas e sua Marvada carne, se escondiam às vezes na Casa de farinha e se tornaram Cabra marcado para morrer. Na Prova de fogo, Se segura malandro é chegar A Terceira margem do rio, onde Barravento nos leva até Maranhão 66, que mostra o misticismo. A criação da capital Brasília, a última utopia, onde tudo se acaba em Bububu no bobobó, só nos resta segurar no O Amuleto de Ogum. Após esta maravilhosa viagem gastronômica com tantas coisas deliciosas, por que não passarmos na A Grande feira e adoçarmos nossas vidas com uma Banana split ou aquela Geléia geral. E que nossos ideais sejam um grande Sonho de valsa. viva!!!. Beto Postiglioni